英语教师专业发展路径与策略研究

杨金燕 ◎ 著

吉林出版集团股份有限公司

版权所有　侵权必究

图书在版编目（CIP）数据

英语教师专业发展路径与策略研究 / 杨金燕著. — 长春：吉林出版集团股份有限公司，2023.4
　ISBN 978-7-5731-3530-8

Ⅰ. ①英… Ⅱ. ①杨… Ⅲ. ①英语－师资培训－研究－中国 Ⅳ. ①H319.3

中国国家版本馆CIP数据核字（2023）第112024号

英语教师专业发展路径与策略研究
YINGYU JIAOSHI ZHUANYE FAZHAN LUJING YU CELÜE YANJIU

著　　者	杨金燕
出版策划	崔文辉
责任编辑	侯　帅
封面设计	文　一
出　　版	吉林出版集团股份有限公司
	（长春市福祉大路5788号，邮政编码：130118）
发　　行	吉林出版集团译文图书经营有限公司
	（http://shop34896900.taobao.com）
电　　话	总编办：0431-81629909　营销部：0431-81629880/81629900
印　　刷	廊坊市广阳区九洲印刷厂
开　　本	710mm×1000mm　1/16
字　　数	323千字
印　　张	16
版　　次	2023年4月第1版
印　　次	2023年4月第1次印刷
书　　号	ISBN 978-7-5731-3530-8
定　　价	78.00元

如发现印装质量问题，影响阅读，请与印刷厂联系调换。电话15901289808

前　言

随着文化多元化格局的形成，世界各国的交流与合作日益频繁。英语是世界上使用最为广泛的语言，又是国际间的通用语言，其重要性不言而喻。随着经济一体化的发展，世界各国对综合型、实用型英语人才的竞争更加激烈。普通的英语教师教学方法已经不能源源不断地为社会输送实用型人才，英语教师专业发展亟须进行探索和转型。

本书首先对高校英语教师专业发展进行概述，分析了英语教师专业发展的理论依据、现状、影响因素以及高校教师在专业发展中的作用，探讨了高校英语教师专业自主发展，在大数据的驱动下，英语教师的专业发展以及对其行动、途径的研究，并分析了新的路径，最后对高校英语教材和教师进行了探索。

本书编写过程中参考借鉴了一些专家学者研究成果和资料，在此特向他们表示感谢。由于编写时间仓促，编写水平有限，不足之处在所难免，恳请专家和广大读者提出宝贵意见，予以批评指正，以便改进。

目 录

第一章 高校英语教师专业发展概论 …………………………… 1
- 第一节 教师专业发展的相关概念解析 ………………………… 1
- 第二节 高校英语教师专业发展所存在的问题 ………………… 12
- 第三节 高校英语教师专业发展的现实意义 …………………… 17
- 第四节 高校英语教师专业发展的取向与理念 ………………… 18

第二章 高校英语教师专业发展理论依据 ……………………… 27
- 第一节 心理发展理论 …………………………………………… 27
- 第二节 综合研究理论 …………………………………………… 30
- 第三节 职业周期理论 …………………………………………… 34
- 第四节 自我更新理论 …………………………………………… 42
- 第五节 教师社会化理论 ………………………………………… 48

第三章 高校英语教师专业发展现状及影响因素 ……………… 55
- 第一节 高校英语教师专业发展现状分析 ……………………… 55
- 第二节 高校英语教师素养教育现状及提升策略 ……………… 59
- 第三节 高校英语教师科研能力发展现状 ……………………… 62
- 第四节 高校英语教师自主发展现状与策略 …………………… 66
- 第五节 高校英语教师专业发展的影响因素 …………………… 76

第四章 高校英语教师在专业发展中的作用 …………………… 89
- 第一节 高等院校对基础教育的责任 …………………………… 90

第二节　教师专业发展对高校英语教师的要求 …………… 92
第三节　高校英语教师在教师专业发展中的作为 …………… 93

第五章　高校英语教师专业自主发展 …………………………… 106

第一节　高校英语教师专业自主发展概述 …………………… 106
第二节　高校英语教师专业自主发展的影响因素 …………… 113
第三节　英语教师专业自主发展的结构与基础 ……………… 114
第四节　学习型组织理论在英语教师专业自主发展中的应用 … 118
第五节　英语教师专业自主发展的实现策略 ………………… 125

第六章　大数据驱动下高校英语教师的专业发展 ……………… 130

第一节　大数据驱动下大学英语教师的角色与素质 ………… 130
第二节　大数据驱动下大学英语教师专业发展的途径 ……… 139

第七章　高校教师专业发展与行动研究 ………………………… 145

第一节　行动研究概述 ………………………………………… 145
第二节　教师进行行动研究的必要性 ………………………… 151
第三节　行动研究与ESP教师专业发展 ……………………… 156
第四节　ESP教师行动研究实践及其创新 …………………… 164

第八章　高校教师专业发展的途径研究 ………………………… 171

第一节　反思性教学 …………………………………………… 171
第二节　构建虚拟社区 ………………………………………… 176
第三节　校本培训 ……………………………………………… 182
第四节　教师共同体 …………………………………………… 183
第五节　高校联盟下的大学英语教师转型 …………………… 186
第六节　以发展性教师评价促进英语教师发展 ……………… 187

第九章　高校英语教师专业发展的新路径 ·················· 195

　　第一节　校本培训与英语教师专业发展 ·················· 195

　　第二节　教学案例与英语教师专业发展 ·················· 201

　　第三节　信息素养与英语教师专业发展 ·················· 206

　　第四节　教材多维度开发与英语教师专业发展 ·············· 211

　　第五节　评价体系与英语教师专业发展 ·················· 216

第十章　高校英语教材与教师探索 ······················ 220

　　第一节　英语教材的开发 ·························· 220

　　第二节　英语教师专业能力的培养 ····················· 225

参考文献 ··································· 247

第一章 高校英语教师专业发展概论

高校英语教师的教学水平对英语教学的效果具有直接影响。研究高校英语教师的专业发展情况，使整个英语教师群体具备可持续发展能力，是高校英语教学界比较关注的问题。本章重点对高校英语教师专业发展的基础知识进行论述，首先分析教师专业发展的相关概念，进而探讨高校英语教师专业发展的问题、现实意义、取向与理念。

第一节 教师专业发展的相关概念解析

要了解教师专业发展，必须先了解教师专业化与教师专业化发展的关系、教师专业发展的界定、教师专业发展意识以及教师专业发展特点等内容。因此，下面就对这些内容进行分析。

一、教师专业化和教师专业发展

要正确理解教师专业化的深层内涵，首先要区分"职业"和"专业"这两个概念。

（一）"职业"和"专业"的区别

所谓职业，泛指用以谋生、有金钱酬劳的工作。

关于什么是专业，各位学者尚未达成一致。

教育学者认为，专业是通过特殊的教育或训练掌握了已经证实的认识，具有一定基础理论的特殊技能，从而按照来自特定的大多数公民自发表达出的具体要求，从事具体的服务、工作，借以为全社会利益效力的职业。

社会学家卡·桑德斯（K.Saunders）指出，专业是指一群人从事一种需要专门技术以及特殊智力的职业，目的在于提供专门性的社会服务。

近代西方哲学家怀特海（A.N.Whitehead）认为，专业是一种有可验证的理论基础、科学研究的行业，并且能从理论分析与科学验证中积累知识来组织这个行业的活动。

总体而言，专业是具备高度的专门职能及相关特性的，其主要特点包括以下几方面：专业本身具有发展性；有严格的专业选拔与有效的专业训练；专业人员具有系统而全面的专业理论和实践知识基础；专业人员具有较高水平的专业判断和决策能力。

（二）专业化和教师专业化

所谓专业化，既指某一专业人员达到该专业标准的动态发展过程，也指其成长为专业人员的静态发展结果。

教师专业化也应该从动态和静态两个方面来理解。从动态角度来说，教师专业化主要是指教师在严格的专业训练和自身学习的基础上，逐渐成为一名专业人员的发展过程。这一发展过程的实现需要教师自身的努力以及良好外部环境的创设，这两方面因素相互促进、缺一不可。从静态角度来讲，教师专业化是指教师职业真正成为一个专业、教师成为专业人员并得到社会承认这一发展结果。"专业化"将成为未来教师发展的努力方向。

广义来讲，教师专业化的标准主要包括教师自身素质与客观环境两大方面。

其中，教师自身素质的发展是教师专业化标准的核心，它主要包括以下几方面：具有专业责任感和服务精神；受过较长时间的专门训练，具有较强的专业基础；具备教育实践能力，包括教育活动组织能力、教育性反应意识、教育监控能力，对儿童的指导能力、和谐师生关系、支持性同伴关系和家园关系等的创设。

良好客观环境的创设也是教师专业化标准的重要方面，如创建完善的教师职前培训体系；提供多途径、多形式的教师在职进修机会；为教师提供参与研究的机会，鼓励其积极参与科研；建立教师专业团体；制定严格的教师选拔和任用制度；提高教师的经济和社会地位等。

（三）教师专业化与教师专业发展的关系

关于教师专业发展与教师专业化的关系存在三种不同观点。

第一种观点将教师专业发展等同于教师专业化。

第二种观点认为，教师专业化和教师专业化发展不是同一个概念。教师专业化是指教师职业专业化的过程，教师专业发展则是指教师个体由不成熟逐渐成长为成熟的专家型教师的过程。

第三种观点认为，教师专业化包含教师专业发展。该观点将专业化划分为两个维度——地位的改善与实践的改进。前者是满足一个专业性职业的制度，后者是通过改善实践者的知识和能力来改进所提供服务质量的过程。

从广义角度来讲，教师专业化与教师专业发展均指加强教师专业性过程。

从狭义角度来看，教师专业化更多是从社会学角度考虑的，主要强调教师群体的、外在的专业性提升；教师专业发展更多是从教育学维度界定的，主要指教师个体的、内在的专业化提高。除此之外，这两个概念还有一个区别，即教师专业化体现的是一种教育思想、教育制度、教育改革运动，而教师专业发展包含的是一个教师的成长过程。

教师专业化和教师专业发展相互区别，但也相辅相成。教师专业化制度的建立及教师专业化运动的发展为教师专业发展提供了保证，只有教师职业更加专门化，才能使教师专业发展得到更大提高。而教师专业水平的提高，也会更有力地支持和推进教师专业化。

二、教师专业发展的界定

(一) 教师专业发展的提出

1976年，美国教师教育大学联合会报告预言，教学能够并将自我实现为专业。

1986年，美国卡耐基教育促进会和霍姆斯协会先后发表了题为《国家为21世纪准备教师》和《明天的教师》的报告，明确提出了教学专业发展的概念，主张确立教师的专业地位，以教师的专业化来实现教学的专业化。美国教师专业化发展运动对国际社会特别是西方社会的教育产生了很大影响。

1996年，第45届国际教育大会通过了9项建议，其中第7项建议将专业化作为提高教师地位和工作条件的策略。

1998年，"面向21世纪师范教育国际研讨会"在北京召开，指出当前师范教育改革的核心是教师专业发展。

20世纪90年代以来，许多国家已将教师专业发展纳入政策的视野中。美国于20世纪70年代中期提出"教师专业发展"的口号。

20世纪90年代以来，英国政府提出了以学校为中心培训初任教师的计划，允许学校为师范生颁发合格教师证书。这种以学校为基地的教师培养模式不仅关注理论与实践的联系，而且关注实践经验多样化的价值。同时激励学校教师在指导实习生的过程中挑战自己的教学假设，改变自身的教学实践，因此也推动了学校教师的反思。

我国于1994年通过实施的《教师法》第一次在法律上确认了教师的专业地位，即"教师是履行教育教学职责的专业人员，这体现了从事教师职业人员的生存和发展的需要，也是从社会分工角度来审视教师这一专门职业的专业性要求"。1995年，我国建立的教师资格证书制度，以及信息时代的经济与社会发展都为教师专业发展提供了有利条件。信息时代的教育改革要求教师保持积极的心态，成为教育的研究者、实践者和创新者。

可见，促进教师专业发展已成为21世纪教师教育的一种主流趋势。没有教师的专业发展，没有教师的成长，教育改革和发展就不会取得成效。

（二）教师专业发展的界定

1. 国外学者对教师专业发展的界定

国外学者对教师专业发展的界定如下。

哈格里夫斯（Hargreaves）和富拉恩（Fullan）强调从知识与技能的发展、自我理解、生态改变三个方面来理解教师发展。

哈格里夫斯认为，教师专业发展包括知识、技能等技术性维度，以及道德、政治和情感的维度。

戴（Day）的界定比较综合，他指出教师专业发展包含所有自然的学习经验和有意识组织的各种活动，这些经验和活动有益于个体、团体以及课堂教育质量的提高。

伊文思（Evans）认为，教师专业发展的根本是态度上的改变和专业表现的改善，简单说就是态度和功能的发展，态度的发展包含知识性发展和动机性发展，功能的发展体现为程序性发展和生产性发展。

2. 国内学者对教师专业发展的界定

关于教师专业发展，国内学者有着不同的理解。

呼伦贝尔学院朱玉东教授认为，教师专业发展是伴随教师一生的专业素质成长的过程，是教师专业信念、专业知识、专业能力、专业情意等不断完善的过程。

华东师范大学唐玉光教授指出，教师作为教育专业人员，要经历一个由不成熟到相对成熟的发展过程。成熟是相对的，发展是绝对的。教师专业发展空间是无限的，发展内涵是多层面的，包括知识、技能、能力、态度、情谊。

华中科技大学朱新卓教授认为，教师专业发展是教师基于知识、技能和情谊等专业素质提高的专业发展的过程，是由非专业人员转向专业人员的过程。

还有的学者认为，教师专业发展包含两方面的含义：一是如何促进教师专业化，提高教师职业素养的过程；二是强调教师的自我觉醒意识，认识到教师作为教育教学的专职人员，有特定的行为准则和高度的自主性。教师专业发展贯穿于整个职业生涯，但不仅是时间上的延续，更是教师心理素质的形成与发展过程。

综上所述，教师专业发展是以教师个人成长为导向，以专业化或成熟为目标，以教师知识、技能、信念、态度、情意等专业素质提高为内容的教师个体专业内在动态持续的终生发展过程，教师个体在此过程中的主体性得以充分发挥，人生价值得到最大限度的实现。

三、教师专业发展意识

所谓教师专业发展意识，是指教师按照专业化要求，对自己专业发展过程、目前专业发展状态、未来专业发展规划的系统化、理论化的认识。教师专业发展意识是建立在教师的自我认识、职业认同程度和成就动机基础上的综合反映，对教师的成长和发展起着导向、激励、规划与监督的作用。

长期以来，我国教师被当成促进学生发展的工具，其个人的专业发展被忽视，许多教师失去了专业发展的愿望和动力。青年教师由于教学时间短、教学经验不足以及缺乏参与重大课题研究的机会，会厌倦重复的教学工作，常常表现为自我专业发展意识比较薄弱。加强教师自我专业发展意识的培养，对促进他们的成长与发展至关重要。

（一）学习专业发展理论的意识

教师专业发展理论是促进教师专业发展的理论依据，启发着教师自身的专业发展。教师通过学习教师专业发展阶段理论，可提高教师专业发展意识与能力，了解目前的发展阶段，并在此基础上确立具体的成长目标，制订出具体可行的操作方案。具有自我专业发展意识的教师，能自觉承担专业发的主要责任，达到专业发展的目的。他们随时关注自己的专业发展，自觉地利用、创造条件，以便更新自己的内在专业结构、提升专业水平。

（二）专业理想意识

教师专业理想是教师对成为一个成熟的教育教学专业工作者的向往，是推动教师专业发展的巨大动力，为教师提供了奋斗目标。教师的专业理想作为教师对其职业的追求，涉及教师对专业的热爱程度、工作积极性的维持和专业动机的发展。

具有专业理想的教师，对教学工作会产生强烈的认同感和投入感，愿意终生献身于教育事业，并致力于改善自身的教育素质，以满足社会对教育专业的期望，努力提高专业才能和专业服务水平。教师的专业理想容易受专业活动的自主程度、学校对教师的专业支持以及领导的教育信念等因素的影响。学校是实现教师专业发展重要场所，学校领导要帮助教师确立专业理想，培养教师的专业发展意识。

（三）反思科研意识

美国心理学家波斯纳（Posner）指出，教师成长＝经验＋反思。仅仅满足于经验增长而不反思经验的教师，不会有本质的进步。反思能力大大影响着教师的专业发展。只有当教师认识到自己专业发展的优势和不足时，才能做出合理的发展规划并逐步提升自己的专业水平。通过记录专业中的关键事件，与自我专业发展保持对话，并对未来的发展规划做出适当的调整，教师在专业化发展的过程中必有大成。

教师是否具有科学研究的意识决定了教师能否积极投身于教育科研活动。科研意识是教师从事教育科研工作的前提。教师要在思想上重视教育科学研究；在理论上加强教育学、心理学等理论的学习，获得教育科学研究的理论指导；在实践上从科研意识的外延入手，通过对问题意识、思考意识、创新意识的培养，达到提高科研意识的目的。

四、教师专业发展特点

教师专业发展是教师个体的、内在的专业性的提高,是教师"个人成为教学专业的成员并且在教学中具有越来越成熟的作用这样一个转变过程",是教师不断接受新知识、提升专业能力的过程。教师不仅是专业发展的对象,更是自身专业发展的主人。在促进教师专业发展的过程中,教师自身的努力起着关键作用。

追寻教师的生命完善,需要社会和教师双方共同努力。就社会而言,要关注和正视教师真实的生存状态,为教师个体提供生存和发展的合理环境,提升他们的生命质量,为教师追寻生命完善提供外部氛围和条件支撑。因此,教师的整个职业生涯都应有继续培训的机会,从而使之能跟上思想和方法的新进展。从本质上说,教师专业发展是教师个体专业不断发展的历程,是教师不断接收新知识、增长专业能力的过程。具体来说,教师专业发展的特点表现在以下几个方面。

(一)整体性

教师专业发展的首要特点是整体性。这种整体性表现在教师具有独特的人格,懂得运用"自我"作为有效工具进行教学。

想要实现教师专业发展中教师作为"人"的成长,就要尊重教师在专业发展中的整体性,承认教师有其个人历史及其在专业发展中的作用。"要使个人的生活成为整体,它必须体现一个人所有的创造性冲动,而且他的教育应该是一种能够启发和加强这种冲动的教育。"唯有理解生命的完整性与独特性并不断提高自身学习力的教师才能担此重任,才能促进教师自己和学生不断地发展。

促进教师专业发展应使教师所接受的各种形式的教育相互衔接、相互支持。"教育是一个统一的有机体,其中的每一部分都有赖于其他部分,而且只有在与其他部分发生联系时才具有意义。如果失去一个部分,那么这个有机结构的其他部分就会失去平衡，而且没有哪一个部分能代行其分担的具体职能。"教师所接受的各种形式的正规教育与非正规教育应互相配合，为教师提供更多的受教育机会。教师的发展是终身持续不断的，为挖掘更多的发展潜力，促进教师的可持续发展，应从纵向和横向对教师的时空发展资源进行有机地整合和利用。

1. 关注教师的生命体验

传统教育强调冷静、理性和价值中立，注重知识教学而不重视人的精神世界，过度强化的知识教学导致了对人的伦理精神的忽视、对教师教育激情的压抑，使得教育者在日趋理性的同时，其充满教育智慧与生命活力、创新意识的非理性精神逐渐缺失。

教育活动是一种富含生命力的活动，它需要教师将自我的经验、热情、信念、价值等都参与、投入到教育实践过程中，在课堂教学中张扬自己的非理性精神，呈现出独特的教育智慧；与学生一起探究对话，建构对教育生活的体验与态度，品味知识的酣畅和精神的欢愉，成为共同成长的学习群体。

教育以人生价值的实现为宗旨，教育的真义是使人幸福。这里的人生价值和人的幸福，不仅包括学生的，也包括教师的。教书育人是一个需要激情和爱的活动，是一个需要参与者全身心投入的活动。没有教师对教育发自内心的热爱，就不会有真正的教育；没有教师在教职中"自我实现"的成就感、满足感和幸福感，也不会有真正的教育。那么，从事教育工作的教师在自身的职业活动中对幸福的体验如何，是否感到幸福，就不仅仅是教师个人的问题，而是关涉教育本真意义实现的重要问题了。教师完善是个人需要满足与潜能实现而获得的体验。同时，教师在接纳自己的过程中，进而敞开心怀去接纳别人，这不仅是培养学生关怀理想的契机，而且是教师为自己的专业理想和专业能力保留再生的空间。因为教师的专业发展不仅仅是知识与专业能力的提高，更是人文关怀精神的成长。

2. 提升教师的人文素养

教育要向人还原，向人的生命存在还原。教师既是一种角色，也是一种个性。教育不仅仅是为教师谋生而存在，它还是教师的生活本身。压抑个性、默默无闻地承受异化，可能使教育成为一项让人同情、令人敬而远之的高尚事业。只有充分地张扬个性、肯定自我，才能使教育成为一种让人幸福、令人羡慕的职业。教师要超越角色自我，使角色的规范、要求变成生命体验的一部分。优秀的教师都是在超越角色自我之后才展示出丰富的个性自我的。他们的教育活动往往也是最具个性魅力的。教师不仅要有全面的专业知识和教育技能，还要有工作的激情和活力作为保证，才能释放自己的生命潜能，发挥自己的创造才智，达到生命与事业高度融合的境界。

教师专业发展要关注教师个性的张扬。人文教育是关注教师个性张扬的可靠前提，是与人类的自我尊重、自我反省、自我关怀直接相关的教育。因此，在教师教育中应加大人文课程的比重，使教师不但具备丰富的文化知识及教育教学的技能与方法，而且具备良好的文化素养与人文精神，严谨治学，珍爱生命，尊重学生，爱护学生，使学生能够不断从教师那里获得鼓励、爱心与认可，学会为自己创造幸福以及给予别人幸福，从而活出生命的意蕴和光彩。

（二）开放性

教师持续发展的开放性是指其无限的延伸性和拓展性。它要求教师能够突破外在的有限条件，根据自己的需要灵活地进行选择、把握，使教师的教育方式立体化与多元化。在这个自成一体的世界里，无论是在政治、艺术、公民生活还是在成人教育中，都会遇到因人、因物造成的障碍；教师只有在跳出与外界隔绝的小圈子、与广阔的外部世界发生联系的情况下，才会获得智慧，获得对人和客观事物的知识。

现如今，很多教师在不断实践着自身创造力的向上翻新，他们的生命向着无限的可能性开放。他们的每一天，在培养学生创造力的同时，也在创造着自身的生命，挖掘着自身的潜力。在教师职业生涯中，只有用创造的态度去对待工作的人，才能在完整意义上懂得工作的意义和享受工作的欢乐。随着教育不断社会化，社会不断教育化，教师不仅应主动走向社会，而且应采用多种方式，充分利用社会各种教育资源，丰富和充实自己，以更好地施教于学生。

（三）终身性

个人的变化、成长过程是一个贯穿个人职业生涯的连续的过程。终身性指教师不仅要进行职前学习，也要进行在职学习，终身都要学习。将教师视为发展中的个体是一个相当重要的概念，是我们探讨与推动"教师专业发展"的一个基础。

教师的专业发展是终身学习和发展的过程，是教师个体连续的专业发展过程。另外，教师的持续发展，其内在的需要，也是终身性的。教师的成长过程是一个不会停止对外界的探索、不会停止自我完善的过程，是一个无限延伸的过程。教师的持续发展只有与一个连续的建设性过程联系起来，才有自己的地位和意义。因此，教师应拓展自己的思想观念，以开放的视野看待自己所扮演的角色，以教育者与受教育者的双重身份参与到平等、开放、民主的教育活动中。

教师成长是一个有目的的、自我持续的、富有生命力的探索与改变的过程，这种个人变化、成长完善在持续不断地进行，贯穿于个人职业生涯的所有阶段。教师职业是一个特别需要学习的职业，实践是教师成长的途径。通过持续不断的学习以改变自己的智能结构和教学技能是教师工作与生活中重要的组成部分。教师专业化发展的理论就是为了适应学习化社会的需要，以终身教育思考为指导，根据教师专业阶段发展的要求，对教师职前、入职和在职教育进行全程的规划设计。

（四）连续性

教师的持续发展应以终身教育的理念构建教师的发展，因为发展无处不在，无时不有。教师应终生致力于自身发展，不断更新自己的观念，努力提升自我，以便使自己在教育改革的前进浪潮中，更好地实现自我发展和完善。而且，教师持续发展能使教师得到持续的"充电"。教师职业的特性就是要不断更新自己的知识体系、思想观念，其内在的特定需要是发展。没有发展，教师就会被淘汰。

教师职业的专门化既是一种认识，更是一个奋斗过程；既是一种职业资格的认定，更是一个终身学习、不断更新的自觉追求。因此，教师专业发展应当是一个持续的过程，而不是职前、入职与在职教育相分离的活动。21世纪的教师教育改革将以一种连续和一体化的观点看待这一过程，注重职前和在职教育的衔接和过渡，加强各个机构间的合作，从教师成长的整个历程来推动教师教育的改革。

第二节 高校英语教师专业发展所存在的问题

我国高校英语教师专业发展虽然得到了一定程度的提升，但是面临英语教学改革的推进，他们的素质与能力已经很难适应当前经济发展对高素质英语人才的需求。因此，当前高校英语教师的专业发展面临着严峻挑战。本节就来探讨高校英语教师专业发展中所存在的一些问题。

一、身份不明确

对高校英语教师进行职业与身份的确定，是提升教师教学水平、教学力量的一项重要前提。在我国当前的高校中，教师的身份存在明显不明确的情况。正是由于这一原因，很多从事高校英语教育职业的教师处于十分尴尬的境地。尤其是随着全球化、国际化进程的加快，高校英语教师的身份变得更加模糊，一些专职的英语教师正处于"无家可归"的境地，这种身份不明与夹缝生存的境地也成为高校英语教师的一块心病。

除了大学，其他正在从事英语教学的教师也处于这样的境地，他们越来越缺乏自信，对教学工作的影响也逐渐减弱，在教学中很难发挥出真正的作用。在各级教师的心中或者学生心中，他们充当管理者的身份大过于英语教育者的身份。

这就是说，高校英语教师的群体虽然庞大，且有着特殊的教育意义，但是这一群体至今没有明确的身份，这就导致高校英语教师的成长空间、实践空间、社会空间、学术空间等受到了极大限制。从高校英语教师专业发展的角度来讲，身份的不明确会影响他们的价值取向、心理归属及专业水平，进而影响他们的教学质量。

二、力量分散

如前所述，我国高校英语教师的规模非常庞大，但是整体效果不尽如人意。这是因为教师往往各自为战，力量非常分散，互相之间缺乏系统性的互动与交流沟通。这也是导致高校英语教师专业发展不足的一个重要原因。

无论是不同高校的英语教师，还是同一高校的英语教师，基本上都是自己承担自己的责任，也就是所谓的各自为战，彼此之间缺乏学术、教学等层面的沟通与合作。

随着"国培计划"的实施及其辐射带动，大学、独立的教育学院、教师进修学校、各地教研室、中小学一线之间逐渐实现了一定层次的合作与来往，但是从活动开展的实质层面来说，教师之间仍旧缺乏深度的交流与合作，教师缺乏整体与互助意识。

这种状况带来的直接后果就是教师之间仅仅为了生存而恶性竞争，同时英语教师的资源开发、团队组建等不畅，教师教学循环重复，对学生而言所获得的实际收益不多。

三、以自我为中心

对于高校英语教师而言，他们的职责在于为学生提供英语层面的学习帮助与支持，也就是英语学习的引导者。这就要求高校英语教师应该具备较高的素质与能力，而要想达到这一点，高校英语教师首先必须明确自身的情况，对基础教育脉动能够及时地把握与了解，从而知道从什么层面帮助学生。

很大程度上，英语教师是为学生的英语学习而存在的，对学生的学习、思考、研究等有着重要意义。不得不说，高校英语教师首先应该是一名出色的教育实践者与自我发展者。但是问题就在于，很多教师并没有明确自身存在的价值与意义，心中也并未将学生当回事，无论是课堂教学，还是课下做报告，无论是做现场的指导，还是参与课下实践，往往都未注重学生的学习情境，也并未对具体问题进行具体分析，习惯以自我为中心。这样强迫学生接受、仅凭己意的做法显然是欠妥的。

正是由于缺乏关心学生的情怀，一些教师很难受到学生的欢迎与支持。高校学生对英语课程的学习兴趣也不高，导致英语教学的效果非常差。

四、能力不济

教学是一个具有恒常性的庞大工程，具有时代感与现实性，且教师的专业发展又是建立在具体的教学实践中，面对他们的是多种需求。因此，高校英语教师是教育系统中的能动元素。

但事实上，当学生接触了越来越多的东西，见识也越来越广泛时，他们的自觉意识会逐渐提升，再加上互联网对英语教学模式的冲击，导致一线的英语教师面临越来越多的困惑时，很多教师无所适从，仅仅简单应付。出现这些情况的原因有很多，如教师缺乏学术支撑、继续学习能力不足、精力不能集中。

教师的专业发展需求是处处存在的，如果教师发展中的现实问题不能及时得到回应，教师实践中的问题也未能得到交流，就会导致教师们的激情冷却。能力对于教师而言是看家本领，如果他们能力匮乏，不仅会对自身造成影响，还会对整个教学质量造成影响。

五、发展无力

英语教师要想帮助学生提升能力，首先需要让自己发展。教师专业发展的力量不仅来自个人的坚持，还需要外部条件的支持。就当前来说，高校英语教师群体并未受到社会的充分重视，教师没有明确的学科依托，也未形成学习共同体，仍旧在各自的岗位上独自奋斗。

教学研究者不愿意花费过多的精力于此，这种氛围不利于教师的专业发展。即便有些教师做得不错，在学生中的反响很好，但是真正将英语教学作为事业，甚至将其融入自己生命中的很少。很多时候，教师都是不得不做，缺乏内在的动力与激情，甚至仅是为了维持现状。这些都是高校英语教师专业发展无力的表现。

六、缺乏进修机会

调查显示，高校英语教师很少有出国或参加国外外语教学研讨会的机会，但是调查表明，教师特别渴望高层次和针对性强的进修。

繁重的教学任务使很多教师产生强烈的进修需求。脱产出国进修、国内访学、参加学术会议、减轻工作量在职进修、利用寒暑假进修等都是教师们期待的进修机会。

由于国内英语专业的博士点较少，而高校英语教师队伍又很庞大，使得英语教师要继续深造攻读博士学位的概率较低。

教师的进修途径是非常有限的，很多高校英语教师能够参加的培训活动往往都是由国内几家大型教材出版社每年组织的寒暑假的专业培训，时间短而又缺乏系统性。而真正由各级政府部门或专业机构系统组织安排的旨在实质性提高外语教师专业素质的培训则为数不多，且由于时间、地点、经费等限制，教师参与度有限，难以满足所有教师的进修需求。

另外，目前国内高校英语教师的专业技能培训还停留在提高语言能力和教学技能、技巧的层面上，离全面提高教师专业素质的目标和要求还有一定距离。

七、教学理念与课堂行为不完全一致

著名学者周燕和楼荷英等人认为，教师的教学理念与他们所认同的教学方法相符，但其课堂教学行为与教学理念和方法有时却不一致。部分大学英语教师教育经验和理论素养不足，缺乏对教与学关系的辩证理解，在教学中带有很强的主观性、经验依赖性以及各种不确定性，且教师的理论与实践之间依然存在一定的差距。不少大学英语教师尚未运用国内外先进的外语学习理论，课堂依然是以教师为主的传统讲授，学生接收的也是较封闭的以应试为主的任务，大学英语课堂内容和形式均缺乏创新；有些大学英语教师不自觉地在英语课堂扮演着"语言讲解者"和"语言示范者"的角色，忽视了语言中的文化因素对学生的影响和熏陶；还有些英语教师在课堂上的语言运用能力、教材处理能力以及协调实际课堂等方面的能力有待提高。

八、科研水平偏低

科研是长期的、循序渐进的过程，需要不断在实践中摸索积累，而高校教师科研水平的高低又是衡量其专业化发展中的必要指标。从我国外语教师的科研情况看，尽管近十年来，高校英语教师在申报课题、发表论文、编写教材、接受各种形式的继续教育方面的总体发展趋势较好，但有相当数量的从业人员对外语教育理论、原则的认识还非常模糊，这说明教师对科研能力在教学和教师自我发展过程中的作用认识尚显不足。杨忠等人认为，我国高校英语教师的科研水平偏低的主要原因有学科知识结构不够合理、跨学科知识结构不够全面、缺乏科研意识和科研精神、科研时间少、科研环境欠佳等。不少大学英语教师只专注于一线教学，不具备必要的科研理念，也没有掌握一定的科研方法，而且对科研在教学和教师发展过程中的作用认识不清，对他们来讲，搞科研实为无奈之举，是为年度考核或提职晋升所迫，而以提高教学质量和充实提高自身业务水平和综合素质为目的去做科研的教师数量少之又少。

我国的高校英语教学是高素质人才培养的重要组成部分，对国家的政治、经济、科技、文化等领域的发展起着重要作用。在现今英语教学全方位改革的新形势下，大学英语教师的职业发展面临着前所未有的社会期许和改革机遇。因此，开展对我国高校英语教师专业发展的研究，寻求适当的专业发展有效途径和模式，帮助高校英语教师及时调整和完善自我，具有一定的现实意义。

第三节　高校英语教师专业发展的现实意义

世界在不断向前发展，再加上中国坚持改革开放的政策，因此需要大量的复合型、国际性、综合性的英语人才。而培养这类人才的重任就有一部分落在了英语教师的身上。英语教师只有不断提升自己、不断学习，才能保持知识足够、理念新鲜、方法灵活。

首先，英语教师身份的教、学、研三重性决定了教师工作是十分复杂的。在教、学、科研不断动态发展的过程中，教与学应该相长，用教学带动研究，以研究促进学习。另外，英语教师自身角色的三重性也要求教师树立正确的学习观，掌握科学的英语教学方法和策略，学习与时俱进的英语教学论，具备一定的科研功底，秉承积极的科研态度。因为英语教师教育具有动态发展的特点，同时具有长期性，所以教师的专业化要求也是不断持续发展的，会贯穿于教师的整个教育生涯。

其次，教师这一职业还具有社会性，与社会的发展有着密切关系。社会发展是日新月异的，再加上科技迅猛发展，社会上新理念、新思潮不断涌现出来，这就要求教师教育应不断发展。

此外，英语有其自身的学科特点，需要教师放眼世界，胸怀国家，从世界的视角来看待英语教育。尤其是当今的学生有着鲜明的发展性与时代性，这就使得教师以往的"一师一法"是行不通的，应该以不变应万变。

上述这些方面都要求教师扩大知识面、接受专业化教育、提高自身专业化素质与水平。总之，高校英语教师专业发展是必要的，应予以重视。

第四节　高校英语教师专业发展的取向与理念

要想提升高校英语教师专业水平，还需要坚持一定的理念和取向，这对于具体的实践有导向作用。本节就对高校英语教师专业发展的取向与理念分别进行探讨。

一、高校英语教师专业发展的取向

教师专业标准表示的是教师的专业化价值，其实是对教师专业期望水平的指向和描述。

澳大利亚著名学者因格瓦森（Ingvarson）认为，教师的专业化标准应建立在最佳教学实践的追求与研究上，应指出教师的明确责任，而不是仅限于在教学过程中对教学内容的简单描述。教师的专业标准要求教师应该向其他专业人员或者其他教师说明教学的中长期目标以及教师专业素质与能力拓展的过程与阶段，让教师能够找到提升自身专业素质与能力的方向，对自身的发展过程予以明确，坚定地践行教师专业标准的要求。

通过总结各个国家、各个地区教师的专业素质与能力标准，结合我国的实际情况，可以将我国教师的专业素质与能力拓展取向归结如下。

（一）应坚持"以学生为本"

高校英语教师专业发展的一个基本精神就是"以学生为中心，在教学中，教师首先应该热爱学生，只有真心地对待学生，才能给学生带来素质与能力的提升。"以人为本"的精神在教师的教学中体现得尤为明显，教师在促使学生获取知识、提升自身能力、培养自身情操层面所取得的成绩是评价教师是否专业的标准。教师基本的职业道德要求就在于热爱学习，教师应该从关心与爱护学生出发，对教学工作与日常的班级管理工作加以关注。教师对待学生的态度会对学生的发展产生一定的作用。因此，对于教师而言，促进学生的全面发展显得非常重要，也是工作的重中之重。

另外，学生在教育系统中有着非常重要的地位，学校的基本任务就是促进学生的素质与能力的提升。因此，教师应该将学生放在主体地位，真正做到以学生为中心。

高校英语教师专业发展的动力与根据在于学生学习目标与标准与学生成绩之间的差距，因此，在高校英语教师专业发展拓展的过程中，不仅需要对教师予以关注，还需要以学生为本。

（二）应注重合作学习

教师与学生、同伴、家长之间的合作也有助于教师提升自身的专业素质与能力。

教师与学生合作，有助于提升教师的学业水平。在合作过程中，师生之间创造和谐的学习氛围，可以让教师与学生在融洽的环境中提升彼此的素质与能力。

教师与其他同伴合作，有助于扩展彼此对不同学生的认知，加深他们对自身知识的理解和把握。

高校英语教师专业发展的标准要求教师有不同的角色定位。他们不仅是学生的引导者，也是同学生、同伴各方合作的领导者，还是学校的贡献者。

（三）应使教师学会终身学习

教师专业发展是一个长期过程。因此，教师应该学会终身学习，不断为提升自身的素质与能力而行动，更好地与社会的发展相适应。

社会的迅速发展使知识也得到了迅猛发展。在教育中，教师是学习的指导者，也是知识的需求者。他们将自身的知识传授给学生，但是，在知识大爆炸时代，教师仅仅依靠自身的一些专业知识与技能，已经很难完成当前的教学过程，因此需要接受继续教育，不断对自身的素质与能力进行更新与改进。

具体来说，教师除了需要对自己任课的知识有清楚的学习和把握，还需要对与自身学科相关的知识有所涉猎，尤其是现代教育技术手段。教师应该成为学生的榜样，在坚持终身学习的过程中传播学习理念，帮助学生不断培养良好的学习习惯。

二、高校英语教师专业发展的理念

（一）英语教学的理念

了解英语教师专业发展的理念，首先应了解英语教学理念。英语教学理念可归纳为三种：科研观、理念观和技艺观。

1. 科研观

根据科研观，语言教学是一种具有科学性的特殊活动。语言教学既需要专业知识，还需要专门的技术、特定的技艺以及跨学科的相关知识，这些技术或技艺往往是经过科学研究而产生的结果。

（1）可操作性的学习原则。所谓可操作性的学习原则，指的是从学习心理学的研究成果，特别是从那些学习过程中的相关因素（记忆、迁移、动机等)的研究中所提炼出来的教学原则。

在语言教学过程中,对学习者的语言培训意味着将有关研究运用于教学中,如听说法、任务型语言教学、交际语言教学。此外,直接法、认知法、自然法、交际教学法均属于这一范畴。

(2)仿效法被教学实践证明为有效的教学模式。根据这种教学模式,成功的语言教学是一种特殊的教学行为,是基于前人的研究,经过逻辑推理而得来的。

张思忠的十六字教学法就是这一模式的典型。他的十六字教学法,即"适当集中,反复循环,阅读原著,因材施教",为广大英语教师所熟悉,并且有很多教师将这一教学法视为经典。

(3)以成功语言教师为范例。以成功语言教师为范例,首先要做的是确定哪些教师的课堂教学模式可以作为模仿的范例。可模仿的范例确定后,英语教师通过课堂教学观察和访谈来研究他们的课堂教学实践,由教研员、教学监管人员、专业人员、一线教师共同观察一组被认为是教学典型的语言教师的课,应重点观察以下几个方面。

第一,如何组织课堂教学。

第二,如何传授语言知识,如何培养学生的语言能力。

第三,如何组织教学活动和学习活动。

第四,如何使学生更好地完成任务。

在上述步骤的基础上,对这些教师进行访谈,从而界定他们的教学理念和教学目标以及执行教学任务的要求等。然后,再观察他们的实际教学过程,观摩后组织讨论,使大家更清楚地了解这些模范教师的教学模式。在观察—访谈—观摩—讨论后,教师可照着模式进行课堂教学。

2. 理念观

理念观是建立在没有数据的科学理论基础之上的教学原则。理念观主要包括两种教学方法:理论取向和价值取向的教学方法。

（1）理论取向的教学方法

理论取向的教学方法一般指的是教学实践者将某一教学理论或学习理论运用于具体的教学实践中。例如，交际语言教学就是以语言理论为基础的一个实例。在其影响下，其他一些交际框架下的交际语言教学也逐渐产生，如任务型教学法、合作学习法、内容教学法。

由我国英语教学的发展历程可以看出，我国英语教学是随着世界各国语言教学的发展而不断发展的，语法翻译法、听说法、交际法等都是由教学领域的权威根据国外研究倡导的教学法而照搬到我国中学英语教学中而成为语言教学法。

每倡导一种新的教学法，都由当地师范院校的教师或教研室或有经验的教师对当地的英语教师进行这一教学法的培训，对与该教学法的相关知识进行介绍，要求教师将特定的教学法运用于自己的课堂教学中。

但是，随着时代进步，人们的教学观念发生了改变，一味地照搬他人的教学方法受到很多专家和学生的批判，人们开始灵活、有选择地运用教学方法。

随着教学理念的变化，教师教育理念也在有所改变，一些与教师教育术语相关的改变，如"教师培训""教师教育""教师发展"，就是不同的教师教育理念与教师教育重心转变的体现。

（2）价值取向的教学方法

随着国内外教育形势的不断发展，人们的教育理念、教学目标、教学模式也发生了变化。广大英语教育工作者与教师开始接受新的教学理念。以学生为中心，着眼于学生的思想、情感、认知、需求、个性、发展、策略等，是新的教学理念的体现。

我国对教师、学生、教学以及教育在社会中应有的作用的评价导致了价值取向的教学观念的形成。现在流行的语言课程文献、校本课程发展、行动研究等都属于价值取向的教育体系。一些价值取向的语言教学方法还包括人文教学、学生中心教学、教师分队教学制等。

3. 技艺观

技艺观将教学视为一种艺术。教学艺术的魅力在于教师个人性格的感召力、价值观的感染力、敏捷思维的影响力、创新意识的催化力。

一位优秀的教师应具备三个方面的意识，即现代意识、改革意识和创新意识。受改革创新意识的促使，教师会不断研究课程的时代性、实用性和独特性；能依据教材、超越教材、活用教材、发展教材；对教学形势的需要以及未来可能发生的事情进行评价，从而创造、运用符合自身教学实际的教学策略。

技艺观要求教师根据特定的教学形势和教学环境发展出适合自己的教学方法，逐渐形成具有个性化的教学技巧。对于教学来说，教要有法，但教无定法，贵在得法。

（二）英语教学理念对教师专业发展的启示

上文根据不同的教学观对不同的教师教育观进行了简要介绍，在制订教学计划过程中，可以结合不同的教学观决定培训计划、制订培训方案、选择培训材料以及挑选培训内容。

关于如何将不同的教学观运用于教师教育中，主要有以下三个观点。

（1）第一种方法采用折中主义的观点。在很多教师教育的项目中，不同的课程体现了不同的教学观。例如，在第二语言习得的课程中，可根据科研观来培训教师，而在同一个教师培训项目中，教学论或教学法课程可以是以理论观为基础的培训，教学实践方面的课程可采用技艺观来培训教师。然而，这三种教学观就具体的教学技巧提供的教学观点不尽相同。因此，不能随意地对这三种教学观进行交替使用。

不同的教学观代表了不同的教学观点以及教师所使用的不同教学方法，因此，折中并非最佳选择。要做到系统的、合理的兼容，就要求教师教育工作者协同教师共同探讨和研究。

（2）第二种方法是这三种方法不能相互兼容的观点。根据这一观点，如果说一种教学法是有效的，就不再接受其他教学法，在教师教育过程中，就要排斥其他教学法，教师培训应围绕一种特定的、大家皆认可的有效教学方法而展开。这一方法，具体是先由培训者将有关教学方法传授给受训者，使受训者理解掌握该教学法的理论、特点、技巧等，然后由受训者模仿这一教学法。

（3）第三种方法是将不同的教学观视为教师持续发展的不同形式。根据此观点，教师加入教师行列需要具有教学技能和职业能力以及根据被验证了的教学理论、教学原则进行有效教学的信心。科研观可为没有多少教学经验的教师提供一个很好的起点，如果他们取得了教学经验，则可以适当修改或调整这些原始理论，不断向理论观方向发展，当他们最终发展了自己的教学理念时，则可以转向技艺观来教学，创造自己独特的教学技巧、这就是说，自上而下的教学观被自下而上的教学观所取代，或是两种方法进行融合，所以教师教育（发展）就可以被视为一个持续不断地自我发现、自我更新、自我发展的过程。

夏纪梅、冯苴芫（2006）根据中国英语教学和英语教师实际情况提出了多种外语教师培训的方法论，这里主要介绍下面三种。

1. 技能型培训方法论

现代外语教学强调教学重心从知识层面转为技能层面，尤其注重培训缴费，这应从教师培训开始做起。每一种教学方法都与特定时期的背景有很大关系，更新理念应伴随着更新方法。

技能型培训可以采取多种方法，如任务型、行动型、经验型、反思型等，注重事后的感悟，追求经历后的归纳总结的效果，反思所做的事情对自己的作用和影响，并寻找理论支撑。这一培训活动主要是为了达到互动学习、经验学习、合作学习、自主学习等效果。

任务型教师培训要让受训教师合作完成任务。这种培训的步骤具体如下。

（1）分成四人小组。

（2）对组中的每个人进行标号。

（3）分小组，对一个教案进行讨论，或设计一个教学活动。

（4）每个小组做好讨论笔记。

（5）一起交流小组讨论成果。

技能培训可以是综合技能培训，也可以是单项技能培训。

2. 研究型培训方法论

现代外语教师培训注重与研究课题结合起来，尤其是与教师发展结合起来。例如，与以下课题相结合的教学效果培训。

（1）基于教师的教学效果研究。

（2）基于学生的学习效果研究。

（3）创造性教与学研究。

（4）教师的学能研究。

此外，培训也可以结合教师观念和行为研究来进行。

（1）对语言和对语言教学有什么样的信念就怎样展开教学。例如，如果认为语言是一种技能，教学就会注重技能的掌握方法；如果认为语言是一种符号系统，教学中就会注重语言知识的讲授等。

（2）尽管对语言和语言教学有现代理念，但是并没有在实际的教学行为中体现出来。例如，相信交际教学法，但在实际教学中采用的依然是灌输讲授的形式。

（3）语言和语言教学缺乏科学理念，教学行为显得盲目或自以为是。培养教师对外语教学定式的批判、审视、反思、解构和重建的学术水平是教师培训与研究结合不可或缺的内容。

3. 教材研用式培训方法论

现代外语教师培训与教材推介结合起来，符合现代外语教育发展理念；具有语言教学科学性的教材对教师发展有直接的教育和培训意义。从这一点来看，教材具有一定的教师培训功能。这种方法论具体强调以下几点。

（1）教材的理念、特色、途径、方法、模式介绍。

（2）教材使用中教师的个性化体现。

（3）教材中疑难问题的讨论。

（4）以教材课文的主题为中心而开展的教学活动或教学任务的设计。

（5）教案的编写，或对现有教材进行再创作。

第二章　高校英语教师专业发展理论依据

20世纪50年代后期，西方著名学者富勒（Fuller）提出了自己在教师专业发展方面的研究结论，即教师教育工作开展的不同阶段往往呈现出不同的特征。简言之，教师教育呈现出明显的阶段性特征。随后，学者们对这方面的研究逐步深入，形成了一个全新的研究领域。本章将综合以往学者对这方面的研究理论，对一些典型的教师专业发展理论内容进行总结与论述，从而为国内高校英语教师专业发展提供一定的理论支持。

第一节　心理发展理论

从心理发展理论角度来看，教师显然是成年的学习者，其认知与学习原理是建立在皮亚杰（Piaget）的认知发展理论、佩里（Perry）的认知发展理论、亨特（Hunt）的概念发展理论等基础之上的。这些理论都将心理结构的改变与发展作为研究的核心，认为人的心理结构往往会随着年龄的改变而发生变化，这一过程存在着一定的层次与顺序。

大量研究都证明这样一个事实，即教师自身的心理发展情况与其专业素质与能力拓展之间具有十分密切的关系，教师的心理发展程度不同，在专业素质与能力方面的表现自然也就不同。也就是说，如果可以通过一定的教育与培养工作提高教师的心理素质，那么这对于教师的专业能力发展而言也是大有裨益的。

例如，学者格拉斯伯格（Grassberg）通过自己的研究提出了针对教师教育的具体计划，从而在一定程度上提升了教师的心理素质以及认知发展水平。在实际研究过程中，这位学者得出的结论是教师教育计划确实可以帮助教师提升自己的心理发展水平，并有效提高他们的专业技能。

一、皮亚杰提出的观点

皮亚杰的发展阶段理论认为，心理发展过程是一个内在结构组织和再组织的过程，过程的进行是连续的，但由于各种发展因素的相互作用，心理发展具有阶段性。各个阶段有其独特的结构，标志着一定的年龄特征。由于各种因素，如环境、教育、文化以及主体的动机等的不同，阶段可以提前或推迟，但阶段的先后次序不变。各个阶段的出现，从低到高有一定的次序，且有一定的交叉。每个阶段都是形成下一个阶段的必要条件，前一阶段的结构是构成后一阶段的结构和基础，但前后两个阶段之间有质的差异，这种观点把发展看作一个一维线性的发展过程。

二、埃里克森提出的观点

埃里克森（Erikson）认为，每个人在生长过程中都普遍沿着生物的、生理的、社会的和事件的发展顺序，按一定成熟程度分阶段地向前发展。他把人的一生按照成长中遇到的冲突与危机划分为八个发展阶段，每个阶段都有各自的发展任务。

（1）婴儿期（0~2岁），发展信任感和克服不信任感。

（2）童年早期（2~4岁），获得自主性而克服羞怯或怀疑。

（3）游戏期或学前期（4~7岁），获得主动感和克服内疚感。

（4）学龄期（7~12岁），获得勤奋感而克服自卑感。

（5）青年期（12~18岁），建立同一感和防止同一感混乱。

（6）成年早期（18~25岁），获得亲密感以避免孤独感。

（7）成年中期（25~50岁），获得繁殖感而避免停滞感。

（8）老年期（50岁以后），获得完善感而避免失望和厌倦感。

埃里克森把人的一生划分为上述几个阶段，但是这些阶段不是一维线性的，并不是一个阶段不发展下个阶段就不能发展，而是多维的，每个阶段实际上不存在发展不发展的问题，而是发展的方向问题，即发展有好有坏，发展是在好坏之间进行的。

三、金斯伯格提出的观点

金斯伯格（Ginzberg）研究的重点是从童年到青少年阶段的职业心理发展过程。他认为，职业在个人生活中是一个连续的、长期的发展过程。我们从童年时期就开始孕育职业选择的萌芽，随着年龄、资历和教育等因素的变化，每一个人的职业选择也会表现出不同特征。一个人的职业发展如同其身心发展一样，可以分为三个阶段，每个阶段都有不同的特点和任务，如果能够顺利完成，就能达到各个阶段相应的目标；如果前一阶段的任务不能很好地完成，就会影响下一阶段的职业发展目标，最后导致职业选择时发生障碍。

四、莱文森提出的观点

莱文森（Levinson）的研究重点是成年人。他在20世纪70年代对成年人进行访谈，探讨成年人生涯发展与年龄之间的关系，将成年人的发展归纳为三个发展时期，每个时期又分为两个小的阶段。

莱文森的研究样本主要取自35~40岁的男性成年人，因此样本的代表性不足。但是，他认为每个时期都具有转折期，且这一时期的主要任务是对原有生活的重新怀疑与评价，以便做出生涯选择与决定而创造出新的生活模式。同时，每个时期的发展由许多因素构成，包括生理、社会关系和职业地位等各个层面的变化，这为后续的研究奠定了基础。

综上所述，心理发展理论主要是从心理学维度对教师的专业素质发展以及能力拓展展开理论层面的研究，探讨二者之间所具有的各种密切关系。这种理论研究摆脱了教师教育发展过程中所受到的生理年龄因素的制约与束缚，而是从心理阶段入手，分析其与教师专业素质与能力发展之间的各种复杂关系。如此一来，所获取的理论将有助于不同年龄阶段的教师达到同等的业务发展水平，当然这一目标实现的前提是这些教师需要具有大致相同的心理发展水平。

第二节 综合研究理论

虽然国内外众多学者从不同角度与层面对教师专业发展理论展开了细致、深入的研究，也取得了一定成效，但有的学者仍然认为这些理论并不能从整体上来影响教师的专业发展。为此，相关学者提出了综合研究理论。

一、提出综合研究理论的原因

教师专业发展阶段的心理发展理论、职业周期理论、社会化理论从不同侧面向我们展示了教师专业发展的过程，但是如果从前面认定的教师专业发展结构来看，这其中的任何一种仍然难以给我们提供关于教师专业发展较为清晰的、综合的纵向发展轮廓，这可能主要有以下两大原因。

首先，教师本身是一个统一、完整的人，而如果仅从职业周期、心理发展、社会化等其中的一种角度来分析，就难以反映教师专业发展全部。从横向来说，受特定视角的局限，以上几种理论中的任何一种都难以反映专业发展结构的各个因素的变化。

在上述理论研究中，心理发展体系侧重描述人处理抽象关系的思维方式的改变过程，在特定阶段，人要具备相应有效的判断和解决问题的能力，以便更清楚地认识自己生活的方向和意义；职业周期理论是以人生需经历的重大事件及解决来描述人的发展变化过程的，它要求人在特定的年龄，解决特定的人生问题；社会化体系实际上是研究教师的角色适应和角色冲突的解决过程，这些理论体系下的研究只是与教师专业发展的某些方面而并非全部相关联。从纵向发展来看，这些理论对于分析教师专业发展中的某一阶段可能较适合，但难以适应各个阶段的分析。

其次，以上这些理论似乎并没有从正面回答教师专业发展到底是怎样一个过程。有了这些研究结果之后，人们对于教师专业发展仍然是"雾里看花"，因为这些研究对教师作为专业人员最为重要的专业技能体系和个人对教学专业内部自主的获得过程缺少研究。

二、综合研究理论的代表人物

为了如实地反映教师专业发展的复杂过程，为今后的研究提供更加合理的理论体系，许多学者做出了努力。利思伍德（Leithwood）以及贝尔和格里布里特（Bell&Gillbreyt）便是突出代表。

（一）利思伍德

学者利思伍德没有沿着以往人们单一的思维模式来研究教师的专业发展，他在总结自己阶段研究理论的基础上，提出应该从不同的角度、层次来研究与探索教师发展的不同阶段，即采用一种综合的观点。这位学者指出，教师专业发展的过程中不仅涉及个人的心理发展，而且还涉及其职业周期发展、专业技能发展，这三个方面是相互独立、相互依赖的，三者之间的关系是十分密切的。

利思伍德对教师的各个发展阶段进行了综合研究，通过对教师自我方面的发展、道德方面的发展、概念方面的发展的研究之后，他将教师的专业发展具体分为以下几个阶段。

第一个阶段：处于这一阶段的教师拥有简单、单纯的世界观与价值观，在判断自己面对的事物时，出发点往往是非黑即白。他们非常坚持原则，所奉行的最高准则就是将权威作为善良的代表，他们眼中所有的问题只存在一种答案。这一时期的教师通常鼓励学习者持有顺从心理，进行一些机械的学习行为，不提倡学习者持有求异思维，在课堂上也是主导者，对学生具有绝对的权威。

第二个阶段：教师主要表现为"墨守成规"，他们特别容易接受他人的期望。教师的课堂有着传统的特征，课堂规则十分明确，无论学生之间有什么差异，或者有什么特殊情况，学生都必须严格遵守规则。

第三个阶段：这一阶段的教师完成自己职责的出发点通常是凭自己的良心，此时教师的自我意识是比较强烈的，他们已经可以看出一些情况下可能出现的各种可能性。教师可以依据各种不同的、具体的情况采用不同的规则，他们已经将各种规则内化，做到灵活运用。在这一时期，教师对学生的成绩以及未来发展十分关注，他们会认真设计、教授每一节课，同时注重教师与教师、教师与学生之间良好关系的建立。

第四个阶段：教师较有主见，同时尊重课堂等社会情境中人际关系的相互依赖性。处于这一阶段的教师，已经能够较好地协调提高成绩和建立良好人际关系之间的关系，能够从多角度分析遇到的课堂情境并予以恰当处理。因为这一阶段的教师对指定课堂规则的原理已经有所理解，所以他们在应用规则时显得更加灵活、明智。这些教师的课堂，师生之间密切合作，强调学习的意义、创造性和灵活性。这时，教师自身的认知加工复杂程度提高，所以也鼓励学生有相应的表现。

通过上述分析可以得知，教师本身的心理素质有高有低，这往往导致他们表现出不同的工作效能：心理认知水平较高的教师与心理认知水平较低的教师相比，在教学中所发挥的作用更加充分，表现更加灵活多变，也可以承受更大的工作压力，而且具备较强的环境适应能力，可以采用更加多维的角度来看待问题且采取相应的对策与方法。

处于不同认知阶段的初任教师，在如何看待和处理课堂问题上也有差异。低认知水平的教师不能有效激发学生的动机，认为课堂上的纪律问题应该由学校负责；而高认知水平的教师强调尊重学生，认为对学生应采取理解和宽容的态度，要理解学生的个别差异，强调要促进学生学业和个人成长。从初任教师的陈述中可以看出，教师所处的认知阶段是决定教师如何看待课堂事件的重要因素。

教师这一专业发展的过程自然与教学、教育知识和技能掌握相关，不过它们是教师专业发展的必要条件，而不是充分条件。

（1）教师在课堂教学中应该多尝试和使用新的教学策略，同时尽量放弃控制课堂，对学生充分信任，让他们通过自主学习的方式或者小组学习的方式掌握知识。对此，实现这一目标的前提是教师的心理发展至少需要在第三阶段。也就是说，教师教学应该尽职尽责，凭良心教学，更要具有很强的自我意识，对多种情况下出现的各种可能事件有一个心理上的预期和准备。

（2）教师的专业技能发展依赖教师对多种可能性、人机互动关系的综合处理能力，依赖解决个人需要与个人责任之间矛盾的能力，以及其他高级心理能力。如果忽视教师专业技能发展与教师心理发展之间相互依赖的关系，促进教师专业发展的教师培训计划就难以取得预期效果。

同样，教师的专业技能以及职业周期的发展过程也是相互交织的，存在着密切的关系。对于教师的职业周期发展过程而言，前三个阶段与教师职业技能的前四个阶段之间关系密切，在一定程度上可以认为，教师专业技能的提升将有助于教师职业周期的顺利完成。

（二）贝尔和格里布里特

利思伍德对已有的描述教师专业发展体系的突破是从横向上强调教师专业发展职业周期、心理发展和专业技能发展之间的相互依赖，而贝尔和格里布里特则试图在纵向上通过模糊教师专业发展明晰的阶段界限划分来更如实地反映每一位教师专业发展的实际经历。

贝尔和格里布里特通过自己的研究提出了新的教师专业发展模式，即演进模式，他们二人都十分反对人们通过刻板的专业发展阶段模式来研究教师发展。严格意义上而言，贝尔和格里布里特所提出的演进模式主要是从宏观层面上来看的，指的是教师整个职业生涯所经历的宏观发展过程；而前面所探讨的阶段发展模式则主要是从微观层面来分析的，用来说明教师何以取得自己的专业发展。

贝尔和格里布里特指出，阶段模式虽然承认教师按照阶段的发展过程可以加速或滞后，但认为发展的顺序是不变的。而实际上，在很多情况下，教师可能会跳过其中的某一个或几个阶段，呈现跃进式发展状态。从已有的对个别教师专业发展的追踪研究结果来看，所谓阶段，只不过是一种概念，而不是每一位教师的发展过程的真实写照。

贝尔和格里布里特认为，教师专业发展的阶段模式存在的一个最大的不足之处，就是不能如实反映不同教师处于不同情境中所具有的各种差异，因而他们提出了教师专业素质与能力发展的演进模式。在对这一理论进行表述时，两位学者并没有使用阶段，而是对教师的专业发展情景进行了区分，分为如下三种情景。

（1）确认与渴望变革。

（2）重新构建。

（3）获得能力。

第三节　职业周期理论

职业周期理论研究的是以人的生命自然的老化过程与周期来看待教师职业发展过程和周期。尽管这类研究并非简单地把生命的自然成长周期直接用于解释教师的职业发展，但其阶段的划分以生命变化周期为标准，所以最终结果是在人的生命周期体系下对教师职业成长过程进行描述。

一、相关学者提出的观点

20世纪60年代,对教师职业生涯的研究还寥寥无几,20世纪70年代之后,这类研究在美国、英国、法国、荷兰、澳大利亚、加拿大等国家迅速增加。伯顿(Burton)、富勒、休伯曼(Huberman)等提出的教师职业生命周期阶段论以人生命的自然衰老过程与周期来看待教师的职业发展过程与周期,其阶段的划分以生命变化周期为标准。

(一)富勒的观点

富勒在这方面的研究体现出鲜明的特色,他将教师的职业周期发展结合教师所在环境以及教师个人环境等因素来考察。也就是说,教师的职业周期发展并不是一种纯粹的行为,而是受各种因素影响的一种综合结果,其中比较关键的因素就是教师所在环境以及教师个人环境。富勒认为,教师职业周期是一种灵活、动态的发展过程,并不是线性、静止的发展过程。他将这一发展过程分为如下几个主要阶段。

第一阶段是职前阶段,这一阶段是教师特定角色的准备期。一般说来,是在师范学院或大学的初始培养阶段,也包括教师担任新角色或工作时的再培训阶段。

第二阶段指的是教师工作的最初几年时间,这也被认为是教师刚入职的界定。此时,教师需要从社会角度来认识教育系统,熟悉和学习平时的教学教务工作。作为一名新教师,他需要努力获取同事、学生、学校等方面的认可,所以在处理自己遇到的各种问题时往往会十分卖力,力求达到令人满意的效果。

第三阶段是形成能力阶段,教师努力提高教学技能和综合能力,积极寻找新资料、新方法和新策略。这时的教师渴望形成自己的技能,易于接受新观念,经常参加各种交流会和教师培训活动。

第四阶段的教师处于成长以及热心状态中,虽然他们的教学能力已经很高，但作为一种专业人员，时刻也不能停止进取的脚步。在这一时期，教师的表现是十分热爱自己的职业，每天都按时到校，争取在工作中再次创新，热衷于研究各种不同的教学模式，总结自己的教学经验，改进不足之处。可见，这一阶段所体现出的核心内容就是热心和较高的职业满意度。

第五阶段是职业受挫阶段。教师在教学中遭受挫折，职业满意度下降，是这一阶段的突出特征。这种挫折多数发生在教师职业生涯的中期。

第六阶段是稳定和停滞阶段，教师除了分内的事之外，不想做任何事情，虽然可以接受工作，但不再追求优秀和成长，只是满足于现状，满足于做到对教师的基本要求。

第七阶段的教师对自己的工作已经丧失了以往的热情，处于泄劲时期。在这一阶段，教师所呈现的状态可能是比较轻松、愉悦的，因为他们就快要离开这一教学岗位了。他们会经常回忆自己曾经的教学成绩，对于他们而言这是一个十分美好的往事。然而，有的教师也可能处于心情苦涩的状态中，原因有可能是他们是被迫离职的，或者是十分急切地想要离开教师岗位。

第八阶段是职业退休阶段。这是教师退出教学岗位之后的时期，可能是年事已高，正式退休，可能是自愿退职，还有可能是为了寻找自己更为满意的职业。

富勒对这一模式以四个场景为例做了特别说明，强调了这一模式的动态性质。分析说明以上八个阶段并非一定是某个教师职业周期的真实写照，而是在个人和组织环境作用下，教师不断进入或者退出的动态变化过程。

第一个场景：

假如有这样一位教师，他正处于"成长以及热心"的教师发展阶段，对自己的工作非常积极、热爱，而且在工作中可以通过努力找到多种不同的教学方法，为课堂教学带来十分浓厚的课堂氛围。然而，就是在这样一个工作的巅峰时期，学校通知他不能再继续给学生上课了。对他而言，这显然是一次重大的职业受挫事件，很有可能导致他直接进入"泄劲阶段"或者"职业退出"的特殊阶段。

第二个场景：

假设有一位处于"热心和成长"阶段的教师，发现自己的孩子犯罪了。这一精神打击使他的所有精力丧失殆尽，他可能会停留于"稳定和停滞"阶段，以便把更多的精力放在解决家庭问题上。

第三个场景：

假如有一位教师正处于教师发展的第六阶段：工作稳定、停止发展，每天都是混日子，虽然头脑比较聪明，然而对教学的态度不端正，仅要求自己完成工作任务，并没有精益求精的追求。在这时候，有一位善于识人的领导看到了这位教师的状态，对他进行工作上的鼓励，于是就让这位教师重新回到了"热心和成长"的重要阶段。

第四个场景：

一位教师处于即将离职的"泄劲阶段"，这时发生了一件意外的事情，她的丈夫突然去世。面对个人生活的骤然变化，她可能会对"职业泄劲"的决策重新估价，在不同性质的个人和组织环境的作用下，她可能树立教学志向进入"热心和成长"阶段，也可能退回到"稳定和停滞"阶段。

从上述场景可以看出，就教师职业周期的动态性、灵活性而言，富勒的模式的确有独特之处，但也有欠缺的地方。

首先，富勒的教师发展模式具有灵活性、动态性，然而在具体的表现方式上呈现出循环性特点，这好像意味着教师的专业发展的具体路线仅仅是一种重复或者循环，完全忽视了其他发展形势、方式、路径的可能性。

其次，与其他教师阶段发展研究体系类似，影响教师专业发展的因素和关键事件多限于偶然、突发因素，而那些相对稳定、具有持久作用的事件和因素则几乎没有涉及。

最后，富勒在勾勒教师职业周期的发展轨迹时，太过于关注教师整个职业生涯所遇到的各种转折点，对于处于稳定阶段的职业教师在完善自己的专业结构时所经历的情况并没有展开详细的论述与研究。

（二）休伯曼的观点

20世纪70年代，休伯曼等学者开始对人生的不同阶段展开研究，并取得了显著成果。20世纪70年代末期，这些学者开始对教师专业发展方面进行研究，他们在研究过程中所采用的研究方法不再局限于心理学领域的方法，而是将心理学、社会心理学等领域的方法结合起来进行合理运用。他们在这方面的研究所体现出的一个突出特点就是，对教师职业周期中各个时期的主题进行了研究与探索，进而根据教师对不同阶段、不同主题所给出的不同表现，区分出多种发展的有效路径。这一研究与之前的研究相比，可以更加真实、有效地反映教师的职业发展路径。休伯曼等学者认为，教师的职业发展周期具体可以分为以下几个阶段。

第一阶段是入职期，时间在1~3年，这一阶段可以概括为"求生和发现期"。"求生"主题与"现实的冲击"相联系，课堂环境的复杂性和不稳定性、连续失误等，使得教师对自己能否胜任教学产生怀疑；同时，教师由于有了属于自己的班级、学生、教学方案，又表现出积极、热情的一面。

第二阶段是稳定期，时间在工作后的4~6年。这一时期，教师决定投身于教学工作，初步掌握了教学法，由关注自己转向关注活动，不断改进教学基本技能，形成了自己的教学风格，表现出自信、愉悦和幽默。

第三阶段指的是教师职业工作的第7年至第25年，这是一个歧变时期。从这一时期开始，教师的发展路线有了很大的变化，而出现这种变化的原因就在于教师自身知识的积累以及教学经验的丰富。在潜意识中，这些会引导教师增加对学生、课堂的影响，即教师会针对不同的教学材料、不同的评价方法来实施个性化的教学实验。教师改革的愿望是很强烈的，这种强烈的想法使教师克服了改革过程中的阻碍因素，对教师尝试改革给予了极大的鼓励与激发，这也在很大程度上体现出教师强烈的职业动机。另外，这一时期，教师对课堂以及学生的职业责任感也是十分强烈的，往往会主动寻找一些更加新颖的教学理念与思想。

第四阶段是重新估价期。在许多情况下，教师并不经过实验和歧变阶段，而是代之以自我怀疑和重新评估，严重者可能表现为职业生涯道路中的一场危机。年复一年单调的课堂生活，或者连续不断的改革后令人失望的结果，都会引发危机。

第五阶段是平静和关系疏远期，时间在工作后的第26~33年。这一阶段在教师职业生涯中表现得并不明显，主要是四五十岁教师的一种"心理状态"。许多教师在经历了怀疑和危机之后开始平静下来，能够较为轻松地完成课堂教学任务，也更有自信心。随着职业预期目标的逐渐实现，志向水平开始下降，专业投入日趋减少。这一阶段的另一个表现是与学生的关系更加疏远，对学生的行为和作业要求更加严格。

第六阶段的教师主要呈现出抱怨、保守的状态。在这一时期，教师的年龄为50~60岁，他们在经历了职业的高峰与低谷之后往往变得十分平静，而且思想相对保守。学者认为这一阶段是由第四阶段的对自我怀疑进一步发展的结果，还有可能是因为教育改革没有取得理想的结果，因而他们会经常抱怨学生没有纪律性，没有学习动力，对年轻教师的工作态度往往不满，对社会公众不能给教育提供支持存在更多的抱怨。

第七阶段是退休期，时间是工作后的第34~40年。其他专业人员在这一时期可能会逐渐退缩，为退休做准备。而教师迫于社会压力，其专业行为没有太大改变，只是更加关注自己喜欢的班级，做喜欢做的工作。

二、职业周期理论的启示

各种教师专业发展阶段理论同中有异，异中有同，但均能完整地看待教师专业发展历程，将职前师资培育与在职教师的发展视为一个连续过程，且凸显了教师在不同发展阶段具有不同的专业发展水平、需求、心态和信念等。教师专业发展阶段研究的启示主要体现为以下几个方面。

（一）自主性

自主性是教师专业素质与能力发展的基础，这种特性要求教师在开展教学工作过程中充分发挥自身的主观能动性，将外在的各种影响因素转变为自身发展的一种动力。自主性还要求教师需要具备充分的自我专业发展意识，只有具备这种意识，教师专业发展才会取得令人瞩目的成效。这种意识可有效增加教师在工作过程中的责任心，促使教师积极寻找发展自我的途径与机会，进而提升自身的发展能力。

需要明确的一点是，教师专业发展的自主性特点需要受到各种具体制度的约束，也就是在一定的范围内对自我进行控制、引导、成长，而不是那种毫无节制的发展。

（二）多面性

每个发展阶段的内涵是多层面、多领域的，教师的专业发展是一个螺旋式上升的持续过程。在教师专业化成长的不同阶段，教师教育的起点、问题以及需求不同，培养培训的内容和形式也有所不同。教师素质的提高需要根据教师专业发展不同生长阶段所面临的问题和需要来进行。因此，高校应由只重视职前培养转向强调教师教育一体化的培养模式，促进师范生的专业发展与在职教师的专业发展，促使教师专业不断成熟。

（三）阶段性

教师的专业发展呈现出明显的阶段性特征。从教师步入这一行业开始，一直到他发展成为一名优秀的教师、教育专家，其中需要经历不同的发展过程，有的学者将这一过程分为如下三个时期。

（1）师范生到入门教师时期。

（2）入门教师到合格教师时期。

（3）合格教师到优秀教师时期。

上述三个时期又可以表述为三个连续的阶段，如下所述。

（1）职前专业化阶段。

（2）入门专业化阶段。

（3）在职专业化阶段。

可见，只有将上述各个时期、阶段看作连续不断的发展过程，确保教师可以在前一个阶段的基础上顺利步入下一个阶段，也就是前一个阶段为下一个阶段做好铺垫，才能逐步得到提升与发展。

（四）终生性

教师专业发展的空间是无限的。成熟只是相对的，发展是绝对的。教师要经历一个由不成熟到相对成熟的专业人员的发展历程，这种历程是终生性的。教师专业发展是终生性的个体专业社会化过程。教师教育并不仅限于职前的教师院校教育，职前的教师院校教育只是为教师专业的全过程提供基础，教师教育的外延一直延伸到教师专业生涯的最后阶段。

（五）特殊性

这里的特殊性主要是指教师专业发展所处环境的特殊性。教师职业理念实现的主要场所是课堂，学校不仅是教师自身能力发展的领地，而且也是学生获取知识的场所。因此，教师自身的专业发展应该与学校的环境保持一个同步变化的状态。教师的专业发展是一个长期的、缓慢的过程，其中教师的知识积累主要就是通过教学这一活动实现的。

在教学改革的大环境中，教师通过教学过程实现自己专业能力的逐步增长，巩固自己的教学实践岗位。也就是说，教师专业成长的环境就是其所在的学校环境，因而教师素质的提高必然会受到所在学校环境的深刻影响。简而言之，学校不仅是培养学生的基地，也是提升教师专业能力的基地。学校教育不仅促进了学生知识的获取，同样实现了教师专业素质与能力的增长。

三、职业周期理论指导下教师专业发展的研究进程

教师专业发展的发展过程经历了两个阶段:"组织发展"阶段和"专业发展"阶段。

(一)"组织发展"阶段

在提升教师专业发展程度的过程中,最早使用的是群体的专业化策略,旨在提高教师的整体素质、提高教学工作的专业化水平。其中包含两种取向:谋求整个专业社会地位提升的工会主义取向;强调教师入职高标准的专业主义取向。无论是哪一种专业化取向,在教师群体的专业化过程中,教师专业组织都显得尤为重要。所以,教师群体的专业化阶段又可称为"组织发展"阶段。

(二)"专业发展"阶段

工会主义的每况愈下、专业主义的收效甚微都促使教育工作者开始对教师专业发展的发展历程进行反思。

1980年以"教师专业发展"为主题的《世界教育年鉴》体现了教师专业发展策略的转变。教育工作者将这一注重教师专业能力的发展过程称为"专业发展",随着教师专业化理论研究领域重心从群体的被动专业化转移到教师个体的主动专业发展,教师个体内在的能动性也受到了越来越多的重视。

第四节 自我更新理论

受特定社会背景因素的影响,国外学者多数关心教师职业变化过程的关键点的研究,对在从事教师职业时间范围内教师的专业技能如何发展并不关心。究其原因,在国外一些国家,教师职业不是铁饭碗,教师一旦表现不佳,随时有可能被解雇,所以缺少职业安全感。他们一生之中可能要从事多种职

业，教师职业可能只是他们经历的职业之一。所以国外学者的研究也主要限于职业发展阶段的关键点的确定，离职、留置成了他们热衷的研究课题，而对教师内在专业结构的改进和专业技能的成长本身关注较少。

一、自我更新标准及其体系

教师的心理、社会和专业发展诸方面之间是交互作用的，教师与所处各种环境之间也有着内在联系，这使得教师专业发展路径和阶段呈现动态的、多样化的态势。为了反映这一特征，教师专业发展过程的研究与分析，必须从教师心理、社会化水平和周围环境等诸方面统一的角度予以考虑，而能够反映这一综合角度的，即是教师的专业活动及其自我专业发展意识水平。而恰恰是在这一点上，已有的诸多教师专业发展的体系没有涉及。

很多人都认为，对教师进行专业考查的综合标准是教师是否具有自我发展的意识，这有助于更加系统、完善、有效地描述教师的具体发展。可见，教师的自我发展意识是影响教师专业发展过程的重要因素，具有强烈意识的教师将会更加关注自身的专业发展，对自己的职业也具有更加负责的态度，这些教师往往更容易成为"自我更新"理论的履行者。

所谓"自我更新"，即教师具有比较强烈的自我发展意识以及发展动力，能够主动、积极地承担职业范围内所应该承担的责任，可以通过对自我的反思、剖析来自我激励，通过拟订、实施专业的发展计划，调控专业的发展方向等实现自我发展与更新的目的。对于"自我更新"取向的教师专业发展，我们可以从三种意义上来分析。

首先，它是以自我专业发展意识为标准，考查教师专业发展过程的一种分析、研究体系。它以自我专业发展意识的发展为基本线索，把教师内在专业结构更新与改进的规律性作为考查的核心。

其次，"自我更新"往往被认为是教师自我发展的一种现实化过程。在自我更新理论的指导下，教师的自我发展意识比较强烈，他们会时刻关注教师的最新发展动态，将一些新的教学发展理论与自身的具体现状相结合，依据自己的发展规划以及当前的发展轨迹来实施计划。在具体实施过程中，这些教师可以监控与调整自我的发展意识，自觉利用、创造有利的机会与条件来争取发展。

最后，"自我更新"取向的教师专业发展还可以作为一种教师专业发展新的取向和理念。与以往教师教育中的教师相比，这一取向强调教师真正成为自我专业发展的主人，教师将自觉地发掘专业生活中的有利因素，使自己的内在专业结构不断更新。

二、自我更新专业发展新理论

"自我更新"教师专业发展理论相对于以往教师专业发展理论的认识和分析，除了强调自我专业发展意识在专业发展中的重要意义，以及在教师专业发展核心——专业发展阶段划分标准和研究体系上发生的变化之外，在立足点和立场等方面也有着新的变化。可以说，这是更接近教师专业发展实际而具有普遍性特质的理论，具有很强的实践指导意义。

（一）"自我更新"专业发展的价值

教师专业发展理论不仅是教师专业发展促进者、教师教育者促进教师专业发展的理论依据，更对教师自身的专业发展有着重要启发意义。而只有那些善于实行"自我更新"取向专业发展、具有较强自我专业发展意识的教师，才会较多地关注自己的专业发展，关注教师专业发展阶段理论，并自觉地利用这些理论引导自己的专业发展。提出"自我更新"取向的教师专业发展是为了提示教师关注专业发展的阶段理论，发挥阶段理论在专业发展中的作用。教师专业发展理论对教师自身发展的意义表现为以下几点。

第一，教师发展的阶段理论可以让教师对自我的发展情况进行反思与反省，这也有助于教师对自我有一个充分、全面的了解与认识。所谓反省认知，指的是对自己的学习、思维进行了解与认识的过程。对于一般人而言，自身的学习能力往往会受到学习观念的制约与限制。一些人认为，有的内容对自己而言太高深，完全不能理解，这些内容只有专家才能理解与学习，自己只要了解其中的导论内容就可以了。也有一些人认为，自己只有通过别人特别设定的环境和意境才能获取丰富的知识，因而学习的最终效果往往与学习者具体的学习过程、理解程度有很大的关系。

教师作为一名学习者，对自己的教学过程到底可以理解多少、理解到什么程度等都会影响其专业发展的深度与程度。那些具有很强的自我发展意识的教师，往往在学习教师专业发展阶段理论方面比较自觉，通过学习和深入了解这些理论可以进一步巩固与强化他们的专业发展能力与意识。

第二，教师了解了教师专业发展的一般阶段之后，可以以此为基础来制订自己的专业发展计划。教师专业发展阶段的知识，为与其他教师的专业发展阶段进行比较提供了一个参照系。职前师范教育的师范生，在得到有关教师专业发展的知识后，甚至可以直接做出职业选择。如果决定做一名教师，那么其专业投入感会增强；如果决定不做教师，那么也减少了初任教师的离职率。

第三，通过描述教师专业发展的各个阶段，教师可以自发形成一种团队与团体意识，大大减少他们心理上经常出现的孤独感。例如，任教第一年，教师在设计教学案例、教学活动、管理课堂等的过程中往往会遇到各种各样的困难，而当他们了解了这些状况是任何一名新教师都会遭遇的过程时，他们在心理上就会感到相对放松，进而通过与同伴交流、学习他人的教学经验等方式改变自己的教学状况，有效提升自己的教学技能，从而克服自己在教学过程中所遇到的问题。

第四，有了教师专业发展阶段知识之后，教师还可以意识并预计到自己的变化。菲尔德（Field）就曾把教师专业发展阶段看作一种谱系，依照此谱系，教师就可以确认自己现在所在的发展位置，并可以设定自己将往何处发展。格雷戈克（Gregore）则更进一步地把教师专业发展阶段用来设定教师专业发展的目标。对于初任教师来说，他们在了解教师专业发展的详细信息后，就会对教师专业发展过程和教学工作的方方面面采取更为现实的态度，进而降低初任教师一般遇到的不平衡程度。

第五，教师专业发展阶段的概念不仅使教师更清楚地知道在目前发展水平下，自己应当怎么做，而且使教师知道为了将来的进一步发展应当怎么做。

（二）由断续走向持续的专业发展理论

"自我更新"取向的教师专业发展模式的提出，也与我们再次认识到教师专业发展的复杂性有关。影响教师专业发展的因素的范围非常广泛，既有正式因素，也有非正式因素，从时间上甚至可以追溯至中小学时期的学习经历。师范生在进入师范学校时，头脑中并非一片空白，他们对教学、学习、教师和学生等已经形成自己的观念；传统的"知识传授＋学习＋个人综合运用知识"的教师教育模式所隐含的学到知识等于专业发展、个人能够在初任教师阶段自行将所学知识恰当地运用于课堂教学实际场景的假设难以成立，短期的教师教育的效果十分有限。从教师工作的性质来看，传统的教师教育也存在不足。教师在学校的教学工作十分复杂，有短暂、不确定、快速变换等特点，要求教师有高度多样化的认识、情感和能力。而这样多方面的要求，难以一一具体地罗列出来，也难以体现在教师的课程之中。即在职前教师教育以后，教师所达到的专业发展水平与所要求的水平之间仍有一定差距。所以，在教师的专业发展过程中，继续保持连续的专业发展，显得尤为必要。而"自我更新"取向的教师专业发展模式不仅转变了教师从被动学习者到主动学习者的身份，而且也从局限于特定时空的、断断续续、不连贯的、缺乏内在逻辑与发展关联的教师教育转到了不受时空限制的、持续的教师专业发展。

（三）教师是成人学习者

为促使教师获得更好的专业发展，教师教育必须符合教师作为成人学习者的需要和特点。诺尔斯（Knowles）通过研究认为，以下几个原则奠定了成人学习的基础。

（1）成年人只有自己在具有兴趣或对某物有需要时才能产生较强烈的学习动机，所以兴趣、动机、需要是成年人学习的根本出发点。

（2）成年人的学习定向以生活为中心，所以合理的成年人学习应以生活场景为基本单位。

（3）成年人学习过程中，经验是十分重要且关键的资源。从这一角度而言，经验分析就是成年人最核心的学习方法。

（4）成年人有强烈的自我引导学习的需要，所以成人教育者的作用应是让教师也参与到探究过程中来，而不是向他们传递知识而后再评价他们运用的程度。

（5）对于成年人而言，个人与个人之间的差异往往会随着年龄的增加而增大，所以就需要针对不同的成年人所具有的时间、地点、风格、速度等来提供教育。

诺尔斯所提到的成年人的学习动机、自我引导学习需要等在教师中间也是存在很大差异的，不能一概而论。不过总体而言，所列的几个方面基本符合教师专业发展的情况。

三、实现"自我更新"的影响因素

影响高校英语教师自我更新的因素主要包括内部因素和外部因素这两大方面。

（一）内部因素

内部因素对事物的发展具有关键性作用。高校英语教师的发展也是如此，在很大程度上取决于教师自身的发展。这也是一些教育专家、学者基于对几所高校的英语专业课堂走访和试听后所得出的结论。具体表现为高校英语教师在英语课堂教学中重理论、轻实践，虽然对教学理论阐释得头头是道，但是具体的课堂教学实践依然采取传统的教学模式。这主要是因为教师本人对教学理论缺乏灵活运用的能力，因而教师就需要快速改变这种传统的教学模式，采取当代学生比较容易接受的教学模式，解放教师与学生在传统教学模式中的角色定位。

与此同时，教师自身的自主意识也在其专业发展过程中起着关键性的影响作用。教师自身的自主意识具体指的就是，教师在具体的教学过程中有意识地对教学过程中所遇到的问题加以改进，并采取相应的自我提升、改进并发展的能力。教师的这种自主提升其个人专业知识和渴望更新个人专业知识等的能力，对教师个人的专业发展前景起着决定性作用。

（二）外部因素

高校英语教师的发展还在某种程度上受到外部因素的制约，主要表现为受外部社会环境因素的制约和影响。就目前国内的众多高校英语教师而言，一些教师的学历普遍不高，在工作之后进行出国交流和接受培训的机会也相对比较少，进而导致教师的专业发展受到阻碍。众所周知，英语是一种交流工具，这门语言需要放到具体的语境中才能更好地被学习者理解和接受。教师作为学生的引导者，其知识水平对学生的知识水平和能力起着决定性的作用。因而，英语教师的专业发展也需要高校和社会结构等外部客体提供相应的优势资源和机会。同时，英语教师的专业发展还受到外在人们对其职业认同感较差、教师周课时量较大、科研时间少等外部因素的制约。

第五节　教师社会化理论

相关学者从社会化理论角度入手，对教师的发展情况进行研究。教师作为社会中的一名成员，在其从普通人转变为专业教师的这一过程中，必然会通过自己的能力、需求、意向等与学校机构进行交涉，而这些行为就是教师作为个体所实行的多种社会化的一种表现。具体而言，教师专业社会化即社会个体作为一名专业的教学成员，通过自己的不懈努力逐渐在教学过程中承担其相应的职责，实现角色的成熟，进而实现较高的专业地位的一种渐变过程。从时间层面来看，教师专业社会化的过程不是瞬间完成的，而是贯穿于教师整个职业生涯的全部过程。

一、相关学者提出的观点

（一）盖茨尔斯和古博提出的观点

盖茨尔斯和古博（Getzels&Cuba）认为，社会系统是由规范层面和个人层面这两个理念上彼此独立、实际上相互作用的层面所组成的。规范层面是机构对其中各个组成角色的期待，以达成团体的目标为原则。个人层面是个人与其人格需要层面，两个层面相互影响产生社会行为。

规范层面的探讨是以社会学的观点来分析组织行为的，由于社会分工的不同而有不同的机构，不同的机构有既定的功能与运作方式。每个机构中有不同的职位与身份，每个人所扮演的角色也不同，而这种不同由期待来界定，期待即机构中的规章制度之类。

在整个规范层面中，重点要讨论的是角色。角色之间是相互联系的，一个角色的权力也许就是另一个角色的义务，如校长的角色，如果没有教师就无所谓校长，而校长监督教师的权力对于教师来说就意味着必须要尽教学的责任。因此，当我们分析一个人的角色期望时，除了其本身外，也要考虑其与其他角色的关系，才能获得比较完整的信息。

角色扮演的不同主要由机构来确定，但在程度上却有弹性。对于一个角色的期待，依其需求程度不同，可从"绝对要做"到"绝对不可做"两点连成一线。线之间为规章中所制定的命令，其间的行为由团体共识来决定，有的鼓励去做，有的则不鼓励。执行与否，视个人而定，如教师根据规定要工作7小时，但对在课后是否需要做课后辅导则没有限制。虽然按照常理，这种行为是被鼓励的，但是教师没有做辅导，也不会违反规定。所以，一个组织对于角色的期待与个人面对的原则都有弹性。这种弹性使个体在团队中的效能发生了变化。以教师为例，教师在完成教学任务之后，校长期望有些教师做一些科研活动，而对有些教师则不再抱任何期望。这种对角色的期待不同，个体的效能也发生了变化。

个人层面的探讨以心理学观点来分析个人行为。同一角色，同样的期望，但个人扮演方式不同，行为就不同。造成这种差异的原因除了外力因素外，还有个人人格的差异。人格的差异主要是个人需要倾向不同而致。个人的需求倾向代表着一股发自内心的动机的力量，这股力量配合着行动，目的在于完成他人对其扮演角色的期待。基本上，目标导向的需求倾向依情境不同而有等级之别，而个人的需求倾向处于动态状况。一个人在十年前与十年后所扮演的同一角色也不同。

需求目标还对个人对其环境与角色的认定起重要作用。如前所述，角色期望在"绝对要做"和"绝对不要做"之间的部分是因人而异的。一个为生理状况而忙碌的教师，将会很少花时间与学生相处，其生涯发展可能也走到了尽头。而对于一个自我实现的教师而言，在完成教学计划的同时，还会与学生相处，更好地提升自己的教学，其生涯还会向前发展。

根据盖茨尔斯和古博的理论，个人在社会系统中的行为，是由其扮演的角色和人格的交互作用而决定的，而角色和人格在其中所占的比重不同，对行为结果也会产生影响，所以整个社会行为的产生是动态而灵活的，这为教师生涯发展的研究提供了新的视角。

（二）莱西提出的观点

莱西（Lacey）在针对实习教师的研究过程中，把教师专业化过程分为四个阶段。

第一阶段为"蜜月"阶段，实习教师体会到做教师的乐趣，同时从繁重的学习中解脱出来，因而乐于从教。

第二阶段的教师对教学材料、教学方法非常重视，他们往往会积极查找和学习各种新的教学材料与教学方法来改善自己应对课堂授课的局面，提高自己控制课堂的能力。

第三阶段的教师往往处于各种"危机"中，课堂中会出现各种意料不到的问题，给新教师的心理带来极大的压力，新教师仅仅通过新的教学材料、新的教学方法往往无法应对这些危机。这一阶段虽然为每一位教师所带来的心理影响是不同的，然而大多数教师在这一阶段都会产生离开这一职业的想法。

第四阶段是"设法应付过去或失败"的阶段，这时有的教师对不得不做出妥协和改变不再感到内疚，能够坦然地以教师的姿态出现在课堂上，而不能做到这一点的教师可能会离开教师岗位。

二、社会化理论指导下的教师专业发展阶段研究

（一）无人关注的教师发展阶段

原始社会，在分工尚未出现前，教师还不是一个独立职业。此时，家庭和氏族中的长者将生产劳动和社会生活的经验传递给幼小氏族成员，包括长者为师、能者为师、以僧为师、以吏为师等。专门的"教师"和专门的教师培养机构都没有出现，教师的发展也无从谈起。

随着生产的不断发展以及社会分工的出现，教师逐渐变成一种职业。但是，在相当长时间内，教师没有接受专门的培训，主要由并没有多少知识的男性担任教师。这时，教师主要是作为社会的一种特殊职业而存在的。所以，该阶段是表现为教师发展的集体无意识、教育科学研究多处于只言片语的圣人之说阶段，无法为教师的发展提供理论层面的支撑。再加上此时的教育主要为少数人享用的奢侈品，因此也没有出现专门培养教师的机构。

（二）实施职前培养的教师发展阶段

专门训练和培养教师的师范教育是现代国民教育的产物。随着公立学校的涌现，社会对受过良好训练的教师的需求越来越大。在此背景下，师范教育开始萌芽。师范教育的发展可以追溯到17世纪，但直到18世纪末，师范教育才开始在世界各国得到发展，并逐渐壮大起来。

1681年，法国创立了世界上第一所师范培训学校，人类教师教育历史由此开始。之后，师范教育在西方国家得到快速的发展。到第二次世界大战前，西方发达国家基本建立起了系统的教师教育体系。在这一阶段，最显著的变化是由专门的机构承担教师的训练和培养。为了确保师资培养的质量，国家陆续颁发了教师教育的法规，对教师培养机构的设置、教师资格证书的颁发、教师地位等进行了规范，促使教师教育走向系统化和制度化。该阶段教师发展的任务主要由师范院校来承担，关注和实施教师的职前培养，但是忽视了对教师的在职教育。

（三）重视在职教育的教师发展阶段

高素质的教师对于提升教育质量至关重要。从20世纪60年代到90年代，全世界教师数量的增长超过了学生入学人数的增长，相应地，社会对教师素质也有了更高要求，主要表现为教师的高学历化、证书化、专业化和学习的终身化。在这一背景下，教师的在职教育受到了广泛的关注，教师的继续教育机构也逐渐建立起来。

为了提升在职教师的学历层次和继续教育的质量，我国建立了系统的教师进修机构和制度。长期的格局是：师范院校主要负责教师的职前培养，教师进修机构负责教师的在职进修。这一教师教育的体制有利于满足教师发展的基本要求，同时有利于提升教师的整体素质。但是，目前师范院校和教师进修机构相互封闭、各司其职，这一格局难以满足当前社会发展和教育改革对教师发展的要求，也造成了大量培训资源的浪费，达不到预期的培训效果。

随着教师教育体系的逐渐开放，综合性大学开始进入师范院校的领地，并承担教师教育的任务。终身教育理念的引入要求对教师职前培训与职后培训的资源进行全面整合，对教师的在职教育给予关注，使教师的职前培养与职后培训实现一体化。

（四）走向教师专业发展的教师发展阶段

通过对教师发展的历史进行分析可知，整个发展历程是由无人关注到有组织的促进、从外界推进到自我驱动，教师专业发展的理念和实践是这一趋势的现实反映。

从 17 世纪师范教育诞生至今，促进教师发展的培养机构、培养内容、培养体系和培养制度在不断向专业化迈进。1966 年，联合国教科文组织发表的《关于教师地位的建议》中就强调教师的专业性质，认为"教学应被视为专业"。1996 年，联合国教科文组织第 45 届国际教育大会再次强调教师专业化是一种改善教师地位和工作条件的重要策略。在我国，倡导教师专业化已成为教育理论和实践探索的重点，并且取得了大量研究成果。

教师专业化是教师发展的未来趋势，所以要研究未来教师需要具备的素养，促进教师的专业发展就显得非常必要。未来社会充满着竞争与变化，这对教师的素质提出了更高要求。从普遍意义上讲，未来的教师应注重培养以下素质：高尚的职业道德、先进的教育理念、合理的知识结构、全面的教育教学能力、健康的身体和心理等。

如今，教师专业发展备受关注，教师专业发展在不同动力推动下所呈现的状况也有所不同。政府推动下的教师专业发展，主要是为了提升教育教学质量。教育研究人员推动下的教师专业发展，主要是为高校和专门的教师进修机构的人员提供专业发展的指导，注重理论与方法的构建。教师推动下的教师专业发展，目的主要是增加教师权利、提升教师社会地位、促使其获取专业自主权。

总之，推进教师专业发展是一项十分复杂的工程，教师专业发展应立足于教师和学校的发展，对校内外资源进行合理开发与利用，充分发挥政府、教育研究人员、学校和教师的作用。

第三章 高校英语教师专业发展现状及影响因素

在我国高校教育中，英语教师面临着最大的教学群体和最为繁重的教学任务，肩负着培养国际化交流人才的神圣的历史使命，在教学任务繁重和进修资源紧缺的情况下，如何促进我国大学英语教师的专业发展，成为英语教育界亟须研究的重要课题。

第一节 高校英语教师专业发展现状分析

大学英语课程是高校大学生的一门必修基础课程，共16学分，开设4个学期大学英语课程通常由读写和听说两部分组成。经过不断探索，许多高校已经做到了因材施教，构建了符合自己学校实际情况的大学英语课程教学模式近年来，随着大学英语教学改革的不断深入，要求大学英语课程的设计充分考虑学生听说能力培养的要求。2016年12月实施的全国大学英语四、六级口语考试的普及。标志着大学英语教学的中心正式由之前的阅读为主传向听说优先，这种大学英语测试的改革必然会带来教学内容和教学模式的调整，同时对大学英语教师的专业水平提出了更高要求。

与20世纪的大学生相比，现在的大学生生活、学习条件较好，从小受到了良好的英语教育.英语基础普遍较好，部分学生毕业于外国语中学，已经具备了全国大学英语四级甚至是六级的听说读写能力，重点高校的新生更是如此因此，有些重点高校已经把大学英语的学分从16分缩减至12分，并且允许英语成绩好的同学或者通过了全国大学英语四、六级考试的学生免修部分大学英语的课程学分：随着社会的发展，信息网络化和数字化发展使国外高校优秀教学资源的获取途径越来越便捷。以 MOOC（慕课）为例，它为学生的英语自主学习提供了必要条件和先进的手段。另外，对于外语的评价方式也更加多样化，除了参加全国大学英语四、六级考试之外，雅思、托福、CRE 等也可以用来检测学生的英语水平。

随着社会的进步，全民外语水平已经比过去有了普遍提高，各行各业对于外语人才的需求已经不再局限在能够用英语沟通交流的阶段，需要的是各个领域（如金融、法律、医学、建筑等）的外语专门类人才。这些外语专门类人才不仅要具备语言沟通能力，还要具备行业外语知识，能够获取自己领域最新的外语资讯，如参加国际会议、进行学术交流等。以上这些都意味着传统的大学英语教学中要加大专门用途英语和学术英语的比重，这个问题已经引起将基础（普通）英语作为主要培养目标。这导致大学英语的诸多问题……最终将导致大学英语的消亡。因此，大学英语教学的发展方向应当是专门用途英语和学术英语。束定芳认为，大学英语教学的定位是为高等教育国际化服务的，培养实际的英语使用能力是为培养创新型人才服务的，最终的落脚点还是学术英语，专家学者的重视，正如蔡基刚认为的"目前的大学英语教学定位存在偏差"。

二、大学英语教师群体现状

目前，大学英语师资现状主要表现在以下六个方面。

（一）性别比例不合理

大学英语教师中女性偏多，一般会占到教师总人数的一半甚至三分之二以上。这从国内各高校英语系学生的男女比例就能有所了解，年轻女教师面临着休产假以及由于孩子年龄小而精力不充沛，至少需要二年时间才能够恢复到正常工作状态等问题，随着 2015 年全国二孩政策的实施，大批育龄女教师面临着家庭、教学和专业发展的两难境地，这也给各高校的大学英语教学带来了不同程度的教师短缺问题。

（二）学历职称结构不合理

大学英语教师中博士少，硕士多，教授、副教授少，讲师、助教多。高校普遍存在的观念是英语专业是培养英语高端人才的，大学英语是公共必修课程，高学历、高职称的教师应首选英语专业课程教学。因此，大学英语教师中具有博士学位或者教授职称的教师少之又少。

（三）年龄结构不合理

大学扩招是在1999年后实施的，许多独立学院也是在近十几年建立的，因而相当多高校的英语教师群体是由青年教师占主体的，年轻教师的优点是适应能力强，缺点是没有教学经验，45岁以上的中年教师具有留学背景的少，其优点是具有丰富的大学英语教学经验，熟悉教学规律，但由于毕业时间长，随着大学英语教学改革的不断深入，他们自身存在的不足也逐渐显露，如果他们能够认识到自身的不足，跟上时代的步伐，不断进取，也可以成为大学英语教学的主力；反之，他们会成为大学英语教学改革的阻力。

正如熊德明的研究：不同任教年限的教师角色冲突存在着差异，按照教师社会化的一般进程，任教年限在3年及以下的教师面临着从学生角色向教师角色的转换、教学技能贫乏、科研能力低下、人际交往能力差等困难．在角色扮演中可能会有更多角色冲突；4~7年任教年限的教师适应了角色转换，进入一个平稳发展期，角色冲突相对较小；8年以上任教年限的教师正值晋升高级职称的关键年段科研压力大，角色冲突程度相对比较强；15年以上任教年限的教师一般担任的角色比较多，承担的任务重，角色期望高，因而角色冲突的程度可能最强。

（田）科研能力有待提高

高校教师除了完成规定的教学任务外，还要完成一定的科研任务，教学带动科研，科研促进教学，两者缺一不可。大学英语教师由于大多是文科背景，多年来以讲授听、说、读、写、译五项语言技能为主，同时公共课程课时量大，高学历、高职称的教师人数较少，缺乏强有力的领军人物，自身创新意识较为薄弱，导致科研仍是弱项，科研水平还有待提高。

（五）缺乏危机意识，创新意识掂弱

有些大学英语教师由于长期从事听、说、读、写、译五项语言技能的教学，缺乏外语理论的支撑，不能有效地将教学实践与科研相结合，因而导致科研成果少或科研成果级别不高，影响了职称的晋升。教师专业发展阶段从时间维度可以大致分为适应期、成长期、成熟期、高原期和超越期。大学英语10年及以上教学任务的教师，如果没有危机意识，缺乏创新意识，久而久之就会遇到教学生涯的"高原期"，也称为"瓶颈期"。

（六）出现职业倦怠

大学英语教师不能只满足于之前的作为——能够讲授听、说、读、写、译专项语言技能。信息时代的多媒体技术给教学模式带来了巨大的变化，不断涌现出的教育技术要求从最初的PPT辅助教学到不断发展的微课教学、翻转课堂、微格教学等，对大学英语教师的计算机辅助教学能力提出了更高的要求，这些都无疑加大了大学英语教师的工作压力，导致了职业倦怠现象的出现。教师职业倦怠的类型多种多样，主要可以归纳为以下四种：第一种是前途忧虑型；第二种是身心疲惫型；第三种是理想幻灭型；第四种是随波逐流型。

总之，我国大学英语教师的主要特征是学历总体偏低、研究能力整体较弱、高级职称占比少、女性教师数量多，他们承担着繁重的基础课程教学任务，且科研能力相对较弱，发表纯学术论文和申请到课题的人数较少。

综上所述，鉴于大学英语课程教学的现状及大学英语教师群体中存在的问题，大学英语教师的专业发展就显得尤为必要。

第二节 高校英语教师素养教育现状及提升策略

一、教育现状

当前，部分高校英语教师并没有完全撰脱传统的教育思想与观念的束缚，新型的教育理论相对薄弱，教育理念落后，缺乏与高校教学相适应的当代英语教学理念。从校园培养出来的只会"哑巴英语"的学生，并不能够适应经济社会发展的需求高校英语教师力量较弱，专业技能素质需要提升。高校英语教师的专业技能指的是英语教师需要掌握一定的词汇与语法等方法的语言技能与理论，还要具有一定的听、说、读、写、译的语言能力并且熟练地运用语言。但是，当前突出的问题就是许多英语教师对于英语教学的理念与方式一知半解，实际教学模式单一，教学方式陈旧，导致多数高校英语课程并不受学生欢迎。许多英语教师的专业技能掌握不精，发音不够标准。另外，一些教师知识而过于狭窄，掌握的跨文化知识有限，对于现代化教学方式的运用也不够自如，这是当前高校英语教师专业技能不能忽视的薄弱环节。

由于日常教学工作量较大，教师教学负担与压力相对较大，加上科研意识淡薄，英语教学研究不够，也就在某种程度上导致了高校英语教学质量提升速度缓慢，部分高校的英语教师工作量较大，他们在保证课时与教学效果的前提下，并不能静下心来提升自身的思想政治素质。一直以来，英语教学与思想政治教学被教师认为是毫无关联的两个学科，他们并不能意识到思想政治教育与英语课程教学、思想政治素质与教师素质是相关联的因此，只有改变这一现状，在提升英语教师的思想政治素质的前提下，才能够培养出具有较高思想政治觉悟的优秀人才。

二、提升策略

（一）正确处理教学与科研的关系

1. 培养科研意识

角色冲突是指发生在同一个角色扮演者所扮演的不同角色之间的冲突。教学与科研是大学教师最基本的两种角色，但妥善处理两者之间的关系对于大学教师来说实在很难，对于大学英语教师来说也面临同样的问题在教学任务繁重，且不断尝试各种教学改革、更换教材、适应新的课程教学模式的前提下。如何平衡教学与科研是大学英语教师面临的主要问题，但无论如何，最重要的还是要培养科研意识。

2. 学习科研知识

大学英语课程的一大特点就是将具有极高信度和效度的全国大学英语四、六级考试作为课程的评价方式。还有课程本身的形成性评价及终结性评价的各种数据，但是大多数大学英语教师并没有利用科研知识对考试结果进行包括标准差在内的多方位的评估，也很少对于各类试卷进行信度、效度、区分度等方面的分析，更很少有教师有心去收集试卷及成绩作为科研的原始数据产生以上问题的主要原因就是，大学英语教师缺乏科研意识和科研知识，因此，大学英语教师应努力把教学和科研结合起来，积极学习和掌握科研及数据分析的知识，以教学带动科研，以科研促进教学．关注学术前沿，树立前略意识，逐步提高自己作为大学英语教师的科研水平。

3. 建立科研团队

大学英语课程的特点是教学任务相对单一，遇到的问题具有普遍性，大学英语教师各有所长，有人擅长教学，有人擅长科研，可以通过建立科研团队来共同解决教学中的共性问题，通过申请各类科研和教研项目，把教学中遇到的各类问题变为课题，发挥团队作用，共同发展，逐步改善科研弱的现状。

(二) 提高大学英语教师思想政治素质

马克思在《关于费尔巴哈的提纲》中写道："哲学家们只是用不同的方式解释世界,而问题在于改变世界,文明产生于人类不断地探索、反思、认识和改造世界的实践中,正是这种不断的追问、思考和积累让人们在思考中形成观念来指导自己的实践。"

1.教师提高个人价值追求的主动性

工人阶级是先进生产力的代表,知识分子是工人阶级的重要组成部分,在现代化建设中起着重要作用。作为高级知识分子的大学英语教师,对于加强与国外科学、技术和文化交流,培养社会主义接班人,促进我国改革开放,提升我国的国际地位有不可小觑的作用。

2.学科、系部做好教学大纲顶层设计

磨刀不误砍柴工,欲让大学英语教师拥有较高的思想政治素质,英语学科必须从教学大纲着手,做好顶层设计工作。教学大纲是根据教学计划中规定的各门学科的设置目的而编写的各科教学的指导性文件,它以纲要的形式规定该学科的教材范围、深度、体系、教学进度以及某些教学方法上的要求等,因此,大学英语学科应该在教材中加入思想政治教育的内容,教学系部在教材的使用和教学活动的开展上,积极引导教师将社会主义核心价值观教育、爱国主义教育、理想信念教育等内容融入大学英语教学中,使教师在备课和讲授英语知识的同时,潜移默化地树立正确的世界观、人生观、价值观。

3.高校重视教师队伍建设和培养

英语学习是一个长期的过程,有些学生来自英语教育水平和学习环境相对落后的地区,英语基础较差,尤其体现在英语听力和口语方面;有些学生则相反,在英语学习的各个方面都显示出较强的优势口学校在教师评奖、评优时,不考虑各种因素,而是唯学生"四、六级通过率"论,这种做法本身就有悖于"实事求是"的工作原则,势必会对教师造成情感的伤害,不利于教师工作热情的激发。高校应该把教书育人作为"导教师认真从教、努力科研、进行正确价值选择的动机，从而有效地利用课堂这个主阵地，在向学生传授知识的同时，帮助学生发展自主学习能力，树立正确的"三观"，培养学生的家国情怀，从而为中国特色社会主义建设和发展培养人才。

4.国家对高校教师出台激励政策

大学英语在我国对外发展过程中不但起着工具性的作用，而且具有很强的人文性，因此，大学英语教师在人才培养方面是一支重要力量，推动了国家和社会各个方面的建设与发展。改革开放和市场经济的发展让人民过上了富裕的生活，但是相比一些外企员工的收入，大学英语教师的收入就显得较低了，通过诚实劳动、合法经营追求更好的物质和精神生活是大学英语教师的权利。因此，国家以通过制定一系列政策改善教师待遇，让教师能够放心从教、安心育人，同时也要对民营教育机构的教师进行思想政治教育和师德师风建设，真正做到政治上激励教师、工作上支持教师、待遇上保障教师、心理上关怀教师。

大学英语教师自身应该树立正确的理想信念，坚定正确的政治方向，把立德树人作为自己的职业使命。社会、高校和系部也要为英语教师的思想政治素质的发展和培养做出相应的努力，不断提高教师热爱祖国、热爱教育、安心育人、努力从教、不断学习的政治素质，还要为大学英语教师丰富生活、提升自我而不断努力，以更好地为中国特色社会主义事业建设培养人才。

第三节 高校英语教师科研能力发展现状

一、高校英语教师科研能力的重要性及研究价值

科教兴国战略是加速中国社会主义现代化建设的重要方针之一，在此决策下，国家把高校当作而要的科研机构，逐年加大了对高校科研工作的支持

力度。在此背景下，高校教师在教学之余愈加重视科研，以满足时代赋予高校教师的使命及获得更好的专业发展。

高校英语教师的科研同样具有高度重要性。自20世纪60年代英国课程专家斯腾豪斯提出"教师成为研究者"的理念之后，教师应把教学与科研结合起来的思想逐渐深入人心。教育界普遍认为，科研是教师提高教学能力的重要推力，是教师专业发展的重要途径。在全球化时代，高校英语教师承担着国家和社会函大的教育期望，国家和社会期望高校英语教师培养的大学生具有较高的英语水平，能符合在全球化背景下语言运用的需要，以推动中国在全球化竞争态势中经济社会的快速发展。首先，高校英语教师实现这种教育期望的最佳途径及长效机制是教学与科研的深度结合，是以科研推动教改，即高校英语教师在从事语言教学过程中。若能在教学中发现问题，与科研进行紧密结合，就可以用贴近实际的反思和与时俱进的科研成果去不断更新教学内容、教学方法，从而有效提高教学质量；其次，高校英语教师从事科研能及时丰富自身的专业知识，完善自身的知识体系，为教学水平的不断提高奠定基础；最后，高校英语教师的科研还是一所大学学科建设的重要组成部分，其科研成果的推陈出新能推动所在大学学术声誉的持续提升。因此，高校英语教师的科研能力发展具有重要的研究价值。

二、提升高校英语教师科研能力的紧迫性

尽管高校英语教师的科研在教学及学科建设上非常重要，但高校英语教师的科研能力较为薄弱，这不仅制约了高校英语教师的专业发展，更给外语学科建设带来重重障碍。上海外国语大学原校长戴炜栋在回顾我国外语教育事业发展三十年时指出，"在外语教师素质方面，最为突出的问题就是，新设专业教师资源相对缺乏，高学历、高职称的教师较少，学术能力相时较弱"。除了普通外语教师学术能力较弱以外，其科研意识不强以及学科带头人缺乏的现状也引起学者的担忧，"科研似乎是专业英语教师的一个传统弱项"。

对高校英语教师而言，科研不及教学那么重要，科研薄弱乏力是一种普遍现象。

夏纪梅调查过大学英语教师的科研能力，报告中显示的结果客观说明了大学英语教师科研能力的薄弱程度——完全没有撰写过教学研究论文和不知道如何写的人占比53%，完全没有编写过教材和不知道如何编写的人占比99%，完全没有参加过，更没有主持过教学研究项目和不知道如何申请也不会写课题论证的人占比92%以上，这表明，在科研成果和科研方法等层面，高校英语教师显得较为薄弱。相对薄弱的科研能力显然无法胜任科研任务，以至于高校英语教师在教学工作中难以做到以科研推动教改，更无法以科研成果去推动外语学科建设的发展。因此，如何突破科研发展的瓶颈，使高校英语教师的专业发展及外语学科建设实现质的飞跃，是一个迫切需要解答的时代课题。对这一课题的呼应与解答，说明了提升高校英语教师科研能力的高度紧迫性。

三、高校英语教师科研能力的培养策略

根据国内外研究者有关教学中教育技术应用阶段研究的描述，下面将从高校英语教师的教育技术能力水平的发展出发，提出高校英语教师教育技术发展阶段描述框架，包括关注应用期、学习模仿期、迁移融合期和智慧创造期。大学英语教师教育技术能力的发展阶段变化，体现了"教学情意—教学技能—教学实践—教学智慧"的能力提升过程，教师教学智慧的创造将是能力发展的最高境界。王卫军在其博士学位论文中将教师教育技术能力的发展路径描述为通过"实践—理论—实践—理论"这种螺旋式上升的形式呈现的能力发展模式。这一模式充分体现了教育技术能力提升过程对于大学英语教师的要求。大学英语教师教育技术能力的发展是一个动态发展、持续不断的完善过程，也是促使教师和学生的关系以及教学和学习的关系，这两对关系更加和谐的过程，体现了信息化社会教师教学的智慧魅力。

早期研究认为，高校英语教师缺乏科研意识。比如，杨忠、张绍杰、谢江指出，导致大学英语教师科研状况不甚乐观的原因之一就是缺乏科研意识和科研精神。但近些年来的研究成果表明，高校外语教师的科研意识已经有所增强，这显示了高校教师进行科研这一趋势在英语教师群体中逐渐得到体现。高校英语教师具有中度水平的科研意识，说明他们已经认识到科研的重要性。他们进一步的努力方向是如何提高科研能力，从而提升科研成果的数量与质量。

从上述内容中，我们可以思考得出：

（1）应结合高校自身实际情况，建立和完善高校英语教师教育技术能力培训和进修制度。高校可以制定切实可行的培养方案和相应的激励措施，从政策、人员、设施等方面积极营造参加教育技术相关培训的氛围，营造有利于英语教师教育技术能力提高的环境，促进英语教师主动参与培训。

（2）在培训内容设置上，兼顾技术层面培训以及教育思想、教育技术理论培训，强调方法论的指导，把理论与教学实践进行整合，能够通过实际案例引导教师有意识地把培训与教学研究有机结合在一起，提高高校英语教师教学研究的能力和层次，促进教育创新。

（3）要采取灵活多样的培训模式和教学方法。高校英语教师教育技术培训工作，首先要满足高校教师成人学习的特点，可以充分发挥教育技术的优势，设定灵活的培训模式，便于受训高校英语教师合理选择适合自己的学习方式，为今后高校英语教学实践做好准备。

（4）要以教师为主体、以任务为驱动。高校英语教师教育技术培训必须从高校英语教师的教学实际出发，切实充分考虑培训对象的特点与需求，力求解决大学英语教师的实际教学问题。

（5）应建立以学科教师、教育技术专家和学科专家共同组成的学习共同体该学习共同体为交流教学工作经验和方法，解决教学中遇到的问题，以及分享教学工作的心得体会。提供一个有效的平台，进而演化为基于教育技术的合作共同体，有利于进一步提升高校英语教师利用现代教育技术提升教学的能力。

第四节　高校英语教师自主发展现状与策略

一、高校英语教师自主发展现状

随着社会进步的需要和教育的不断发展，人们逐渐意识到要真正提高教育质量就必须关注教师的专业成长与发展，教育改革也总是与教师的素质密切联系在一起，任何教育改革如果没有足够的合格教师作为支持或者脱离了教师教学的实际都难以成功。根据教育专家的研究，近二三十年间教育界在教育变革方面的共识应包括以下三点：寻求持续的变革、寻求多样而深层的变革动力和寻求可靠的变革基础。可靠的变革基础主要是指对学校现实背景的尊重、较为广泛的参与和合作、变革参与者，尤其是教师专业素质的提升等。由此可见，教育持久的改革动力应该主要通过学校内部，特别是不断自主发展、自我更新的教师来实现。因此，重视教师在职教育，促进教师的专业发展，目前已经成为世界各国之共识，并且呈现以下趋势：从追求教师数量向追求教师质量转变；从维持教师现状向追求教师卓越转变；从"外控式"管理向"内控式"管理转变；从"封闭、单一"向"开放、多元"转变。教育学者普遍认为，持久的、高质量的教师培训是一所学校发展以及改革取得成功的基础，教师的自主发展是指"教师在学校情境中根据教师自我发展和学校发展的需求，由教师自主地确定发展目标、开发利用学习资源、设计发展策略、评价学习结果的一种专业发展的方式"。它是教师个体在教师职业内部获得的专业发展。

近几年来，教师的自主发展越来越受到国内外学者的关注，美国学者克朗顿提出"自我指导的专业发展"的观点。他认为,独立、自由、自主、赋权和自我指导是成年人学习和发展的目标。这种"自我指导的专业发展"突出了个体教师在专业发展中的主动性,强调了教师导业发展的自由与自主,但也要求教师的自律与自我监控。显然,它的本质就是教师的自主发展,指向教师的自我更新和不断成长。

教师的自主发展既是一个目标,也是一个过程,还是一种学习的特征。它是一个主动的发展过程,教师首先要有自我发展的愿望和能力,然后要从外部监控转变为自我监控,"这一自主发展的过程主要体现在通过对教学实践的持续的审视、批判与反思,从而获得新知、提高能力、提升专业素养。而且这种自主发展也是一个循环往复、螺旋上升的过程,前一个阶段的学习结果可以作为下一个阶段继续发展的基础和起点"。

教师的自主发展概念,强调教师首先是学习者。教师的自主发展不仅依赖自己原有的知识结构和经验背景,更要对自己的教学实践不断进行反思,在与教育同行的不断"对话"中学习,在日常教学反思中学习,学习对教育过程有直接或间接影响的相关知识,甚至还要向学生学习,"教学相长"的道理就在其中。与此同时,教师也是行动研究者,能运用批判的眼光、独立的思考能力以及扎实的教育理论和经验,主动而积极地对自己的教育实践进行持续研究,以求得自身的发展、提高,实现人生的价值。无论是作为学习者还是研究者,教师的活动特点都应是主动而积极的。有学者指出,教师自主发展的内涵可简要概括为"四自":自找压力、自定目标、自我塑造、自我评价。

教师的自主发展,首先是教师个体要有自主发展的意识,这种意识引导教师变被动为主动,明确自身的需要及发展方向。其次,就个体而言,教师在知识水平、教学经验、教龄、个性、特长、价值观等方面都有很大的差异性,因而需要针对自身的实际情况,确定个体发展的目标,在实现目标的过程中求得发展。在确定目标后,还需要在实际情境中选择适合的方式与策略,积极主动地学习提高，以期达成目标。最后，个人还需对发展的过程和结果及时进行评价，发现过程中的问题和行为结果的差距，以便确立下一个发展目标，从而得以持续发展。

教师的自主发展是一种内源性的专业发展，它强调教师在专业发展上的自主性。这要求教师既要有较强的自主发展的意识，又要有自主发展的能力。通过多种途径实现专业发展和自我更新的目标，其发展的动力来自教师的内部需求，而不是外在驱动。

二、高校英语教师自主发展策略

（一）促进教师对自身专业发展过程的重构

对自身专业发展进行规划是教师主体发展意识和能力的体现，也是教师实现自主发展的重要一步。调查结果显示，教师虽有一定的专业发展规划意识，但对如何制定规划并不十分了解，所以无法将其付诸行动。在大学英语教学改革和教师专业化进程日益深入之际，教师面临着全新教学观念的冲击和用色的转变，这在一定程度上使教师的自身规划及实施变得更为复杂和困难教师一方面需要重构专业知识体系，以适应角色转换和观念变革的巨大压力，另一方而要对自己目前专业发展的现状进行重新审视，根据自身的能力和需要确定未来的发展方向。同时，教师对自身的规划往往只着眼于个人的发展，因而容易受到单位及学校整体环境中诸多因素的影响，这也给教师实施自身发展规划带来了一定的困难。其实，教师个人的发展与单位的整体发展息息相关，学校应立足于教学改革的要求和教师自身的需要，及时提供专家支持与引领，在尊重教师个性化发展的基础上，帮助教师对自身发展规划进行自我评价和自我调整同时。在教师实施发展规划的过程中，学校应通过成立教师发展中心或类似机构，将教师的发展融入学校整体发展规划之中，为其提供必要的再教育或训练、课题研究等机会，以达到教师自我目标实现的最大化。

（二）加强教师自主性与社会化并重的专业学习

教师自主学习的时间和精力有限，主要是由英语教师教学和科研任务重、压力大所致。我国各高校实施大学英语网络教学改革以来，教师面临新的教材与教学环境，不仅备课量需要加大，还需要通过学习来调整和架构新的教学理论和知识体系，掌握新的教学模式。这些仅凭几堂培训课程是难以做到的，需要教师通过自我学习来完成自身转变。另外，据笔者分析，很多教师将自主学习等同于独立学习、后者的随意性很大，极易受到教学环境等外部因素的影响，因而许多教师无法坚持经常性的专业学习。其实，成人学习的特点和教师职业的特点决定了教师成长需要采取自主学习 Malcolm Knowles 的成人学习理论中所倡导的自我导向学习就是一种自主学习的模式，这种学习过程强调"学习者自行诊断学习需要，确立个人目标，自主选择学习资源、学习策略和评价学习结果"这种学习模式消解了以往教师培训范式下教师在职业发展上的被动性，使教师获得了理念上和行为上的解放，还原为享有自身专业发展话语权的独立个体如果教师能够自觉积极地利用各种教育资源进行自我导向型学习，也会有利于构建个性化的知识和理论，提高学习和发展的效率另外，学校也应尽址通过各种手段，如加大投资完善图书、网络等教学资源的配置．为教师提供学习进修等机会，以激发教师口主学习的动机。

同时，教师是一个社会化的群体，除自我导向性学习之外，互助性学习也是教师学习的一种重要方式为促进教师之间的互助性学习，各学校可以成立专业学习或研究团体，将教师之间自发的交流纳入有组织的教学研究活动之中）通过营造一种学习共享的氛围，教师们可以有更多的机会在专业上互相切磋、分享知识与经验，共同反思、共同提高，从而形成一种良性竞争。同时，团体中的学习交流可以使教师经常得到心理和情感上的支持，减轻自我学习的孤独感，获得自我成长的持续动力。

(三) 加速教师从技术型向反思型转化

华莱士（Wallace）提出的反思型实践模式，已成为目前高度认同的外语教师专业化发展的有效途径。我国外语教育研究中心教授吴一安的研究也显示，反思能力是衡量优秀外语教师素质的一个关键因素。本调查表明，很多教师都认识到反思能力在语言教学中的重要作用，但教师对于反思的结果如何能够运用到教学实践中仍存在比较模糊的认识。另外，教学与科研的双重压力使教师无法坚持经常性的反思。据笔者分析，教师对于反思和反思型教师的认识还存在一些误区。有此教师认为，只要对教学过程进行思考，并记录一些教学体会，就完成了反思的过程，而事实上，教师的反思如果只是停留在经验体会的层面，不去思考教学行为背后所隐藏的教育观念及教学背景因素，并用于指导和改进自己的实践，反思的作用就很难实现，同时，反思不是一个纯粹的认知过程，不能归结为简单的技能或操作程序。要成为真正意义上的反思型教师，还需要具有高度的自觉性和主动性，而这种主动性则来源于开放的态度、对学生的责任感和追求新知识的执着精神。反思型教师倾向于以开放的态度接受新观念、追求知火和教学方法的更新，保持质疑的心态，积极地研究课堂中的问题，不断思考个人教学行为给学生带来的益处，评价自身教学的合理性；技术型教师则倾向于尊重专家和权威的意见，缺少问题意识，机械地按常规行事。教师只有完成了从技术型教师向反思型教师的转变，才能摆脱外部环境中不利因素的羁绊，不断地批判和反思自己的教学行为，从而改善自己的教学实践。

(四) 创设条件培养教师的科研素质

教师职称被视为是学术水平和自我价值体现的重要标志，也和个人的待遇密切相关。另外，调查中的开放性问题显示，教师在自身发展过程中也存在不少困惑：实际的科研能力薄弱，在科研方法上亟须有关专家或优秀教师的专业引领；教学工作量大，从事科研的时间得不到保证；在规定论文和课题数量的硬件指标向前，因论文不好发、科研课题申请不下来而感到苦恼。这一发现与周燕研究中反映出的问题基本吻合，这表明如今的高校英语教师仍然处在教学和科研任务的双重压力下，走着一条从事科学研究的艰辛之路。教师职称评定标准的设立初衷是为了发挥其导向和激励作用，但对于本来教学任务就很重的高校英语教师群体来说，这个评价机制的积极作用并没有显现出来。教师的发展需要有一个良性的科学机制来保证和支持，而不能靠一个以论文数量为基础的机制来约束。因此，学校在设置评价体系和制定相关政策时，应尽量考虑到教师专业发展的需要，建立良性的、科学的教学研究激励机制，使教师们摆脱各种条条框框的束缚只有这样，他们才会真正焕发出从事教学和科研的热情，主动去探求、研究、实践，在宽松和谐的氛围中实现自我成长。

我们同样可以从自我决定理论的视角来观察高校英语教师专业的自我发展，自我决定理论是基于人的自我决定需要的一种认知动机理论，是解释人们如何形成自己的行为和动机意识，从而分析个人情绪动机和行为的理论自我决定理论的应用已从心理学领域扩展到教育、管理、运动与健身及心理治疗等领域。因果定向理论作为自我决定理论的子理论，认为个体具有对有利于自我决定的环境进行定向的发展倾向，它包括自主定向、控制定向和非个人定向这三种倾向。下面笔者以这三种倾向为向导来解释高校英语教师是如何实现内在的、建设性的自我整合和自我成长的。

1. 自主定向性——高校英语教师的自我认定性

自我决定理论认为，自我认识就是自主定向，理解自己的需求是对自己命运和价值的思索，对于高校英语教师来说，如何找准自己的定位、了解自己教学中缺少的东西是进行有效教学的必经之路。在高校英语教师自我认识的旅途中不可避免地会出现模糊和误区，主要表现在以下两个方面：一是教与学中间有一道无法跨越的鸿沟，即语言教学成为理论和实践相脱离的语法课程，而不与学生的兴趣、理解能力相关联。不少英语教师甚至把语言教学看作是"枯燥"或"琐碎"的,而不把它看作是获得既有实用性又有审美性的语言工具的途径。这种消极的思想必然会影响教师教学。二是许多教师视"熟知为真知",认为经验得来的知识就是被学生认可的,他们所采取的教学方法没有遵循学科教学论的原则,而是以传统经验和个人直觉为教学模式进行教学在这种单一、陈旧的模式下,大多数英语教师总是日复一日、年复一年地重复同样的工作,不细心观察专业实践工作,质疑背后所存在的假设。久而久之,很多英语教师就会产生职业倦怠,提不起教学的兴趣,最终导致英语课堂索然无味。这种只知道照搬别人的经验,而不去考虑学生的多元化和不同需求的做法,最终将导致英语教师进取心的泯灭,产生学生厌学、教师厌教的现象。

英语教师要想改变自我,一定要认清自己的发展方向和意愿,英语教师的自主定向是以教师自身兴趣和自我认可为基础激发内在动机的行为一个具有高水平自主定向的教师会表现出强烈的自我创新意识和敢于挑战的精神,他们通过对惯性教学的尝试性改进,以理性的思考和批判的态度和方法进行自我教学实践的分析)卓越的高校英语教师总是能够在没有问题的地方发现问期,所以高校英语教师的自主能力是必不可少的。自我发现、自我定向、自我创造应源于教师的真实生活教师的自主也是促进教师个性发展的有效途径之一课堂应该是丰富多彩的,每位教师的教学方式和教学风格也应该是各行千秋的作为一名教师,应该永远不满意自己的教学,并在这种不满意的状态下,审视自己的教学行为和教学效果。教师作为理性的认识主体,在认识自身教学行为的过程中,认识的对象是他己,即一般的人、普通的人。就如费希特所理解的"我的个性不是准备好了的现实性,我创造自己的个性,当我认识自己,改变自我时,也就创造了个性"。在高校英语教学中,我们欠缺的正是自主定向高的教师。教师只有根据自己的理论知识、信念、感觉和人格进行探索,才能赋予教学以深厚的意蕴,建构丰富多彩的课堂。

2. 控制定向性——高校英语教师的他控性

与自主定向的教师相反，控制定向的教师更倾向于外来环境的影响。Grundy 和 Robinson 指出，教师专业发展除了个体自身的推动力外，还有一个来自外在系统的推动力，它受学校和社会等因素的影响，因果定向理论的控制定向指出奖励、荣誉、领导、指令等这些外在因素会影响个人的行为和动机，仍不少教师为了荣誉只关注讲课竞赛而忽视日常教学；为了薪酬的增加只关注科研项目而不认真授课；为了奖励只关注四、六级的分数而漠视学生的需求等研究表明，高控制性倾向的个体更倾向（他人要求做的事情，而不是自己想要做的事情有这种倾向的教师最终只能是墨守成规，自身停滞不前，被学生厌倦甚至遗弃）在课堂学习中，不应只关注"如何教"，只注重教学方法和手段，却忽视了"教什么"和"学什么"，忽视了教学内容和学生应掌握的学习内容。在对待控制定向的层面上，我们应该深思教师的自我价值所在。高校英语教师应采取右,效措施满足学习者的胜任需求、关系需求和自主需求，促进学习者外在学习动机的内化，解决学生的英语僵化现象。

布罗菲认为，人们是否愿意在某任务上消耗精力，要看是否满足以下两个条件：一是如果全身心投入，他们预期能成功完成此任务的程度；二是他们评价所获奖赏的价值程度，那么教师在实施课堂教学的过程中和自身职业发展阶段中，必须先感受到实际的价值，才会全身心地投入。但是，在实际教学中，教师没有时间去认真总结教学实践中的经验，没有充足的时间去继续汲取专业知识，紧张的教学工作使他们身心疲惫，考评的压力使他们无暇规划自己的专业发展，只是机械地完成教学任务，被动应付这就是教师自身教学动机为什么会与日俱减，以及教师们为什么总是抱怨学生一代不如一代的原因。教师只是把一些外在的学校操纵环境、审视、监督引进到学习领域来促进学生的发展，而过多重视奖赏，势必会本末倒置，导致教师专业自主性的缺失。

为什么学生看起来缺乏学习动机，形成了消极的学习态度？为什么教师觉得没有收获，产生挫折感？为什么教师感觉自己像一个受别人操纵的木偶？为什么对教师的考核和评价仍是以每学期考试成绩和大学英语四、六级成绩的标准来衡量？为什么学生不公正、不客观地评价对教师的奖惩和津贴的发放起到举足轻重的作用？这些问题无不透视出英语教师的自主权的丧失、职业地位和认可度的下降以及个人价值无法实现的怅惘。英语教师的教学应该是教师立足于自己的教学实践，批判地考察自己的教学活动及情境，力求思考以专业性知识而不是在学校教务处的条条框框规则的控制下开展教学活动。

3. 非个人定向性——高校英语教师的从众性

因果定向理论认为，抱有非定向控制倾向的个人是没有人生追求的，没有稳定的生活目标和理想，只求与周围的人一致或相似。非个人定向的教师认为教师所获得的计人满意的教学效果不是自己控制的，而是靠运气得来的。这样的教师对自我发展是漫无目的的，抱着"做一天和尚撞一天钟"的心态。这种教师的从众心理极易被各种外部环境因素影响，甚至连自己都不知道真正"自我"的内涵。也就是说，由于课堂的独特性与情境性要求教师明晰每一节课中学生的不同需求，而这些课堂模式的变化不可能直接通过书本学到，这正是使许多英语教师纠结的地方。在这个瓶颈上，有不少教师依旧原地踏步，随波逐流，教学技能得不到提升，依旧停留在他们第一次进入课堂时所处的水平上。

教师选择改变，实际上是教师在自我认识的基础上通过自我激发进行改变，是自我指导和自我决定能力的体现。在英语课堂教学中，每一位英语教师带到课堂上的应该是个人独有的长处、经验、能力和兴趣，这才能使自己的课堂不同于其他任何课堂。作为一名教师，应该仔细去研究自己特殊的课堂。只有这样教师才能为自己的教学选择切实有效的教学策略。学会教学是一个持续一生的过程，在这期间，教师可以通过反思和质疑逐渐找到最适合自己的风格。

由此可见，教师的自我决定是源于教师对惯性教学的不满，是教师作为教学活动的主导者，依靠理性的思考和批判的态度与方法进行自我教学实践的分析与解剖的过程。只有不断地自我反思、自我决定，才能防止教师自身教学水平停滞不前及学生产生厌倦，才能让个体体验到自己的行动与个人目标和价值之间的密切联系，从而感到自己能够控制周围的环境而提升自我的内在动机。教师的自我决定也是促进教师专业发展的有效途径之一，其主要目的就是以自我监控的方式来反思个体的教学活动，并通过反思来改进自己的行动达到提高教育质量的的。一言以蔽之，教师的自我发展不是一种状态，而是一种不断生长的，有巨大的可塑性、无限的可能性的过程。

（五）自我决定理论视野中高校英语教学中教师行为转变

自我决定理论指出，自我决定的空间越小，控制欲就越强。大量研究也证明了教师在课堂教学中采取控制性策略而不采取自主性策略的一个主要原因就是施加在教师身上的过多压力，自我决定理论从两个维度进行了解释：第一，教师自主满意程度越低，他们在课堂中的热情和创造力就越少；第二，教学环境引起的外部压力促使教师倾向于使用外在动机策略，而将有效的、有趣的教学策略拒之门外。因此，通过自我决定理论，我们意识到教师的专业自主发展的重要性。教师应基于自己的教育经历和教育问题进行自我解读，不断探索教师的职能改变、教师个体还应当在日常教学中思考自己与他人教学中的教学行为、教学问题和教学现象，以期改变自己的教学行为，转变自己的教学理念并成为教学变革的实践者。

第五节　高校英语教师专业发展的影响因素

一、自我效能感

美国心理学家班杜拉于 1977 年提出自我效能感这一概念。他的社会认知理论指出，自我效能感是个人对自己在特定的情境中是否有能力去完成某种行为的期望。它包含结果期望和效能期望两部分。

（一）对英语教师自我效能感的相关研究

教师的自我效能感是教师对能否胜任教育工作和能否有效培养学习者学习能力的自我判断，是促进教师自主发展的重要内在动力，是激发教师工作动机的内在动力，是影响教师教育行为和教育效果的中介因素，是教师身心健康、个人幸福的重要影响源。

1. 国外的研究情况

目前，关于教师自我效能感还没有相关的理论，但对教师的自我效能感已经有一定的研究。阿什顿强调，教师的自我效能感不仅与教师的教育教学行为、学习者的学业成绩和人格形成之间存在着密切联系，也与教师学习者的控制信念、对职业的满意程度以及上级主管对教师能力的评价等因素有关。

查孔对委内瑞拉中学英语教师的自我效能感进行了调查研究。结果显示，教师在听、说、读、写、译等方面的语言技能水平越高，其自我教学效能感越高。换句话说，教学效能感与英语教师的语言水平之间呈一种正相关关系。

高格研究了 32 名英语职前教师的自我效能感，发现通过同伴互助可以显著提高职前教师的自我效能感，教师自我效能感的高低受到其所处社会文化背景的影响，不同国家的教师自我效能感不同。

伊斯拉米和法塔赫发现，自我效能感更高的英语教师倾向于使用以交际为目的的语言教学方法，更关注语言的意义而非语言的形式。

耶尔马兹研究了土耳其 54 名中小学英语教师的自我效能感，指出英语教师对教学策略与技巧的自我效能感高于对课堂管理和学习者参与的自我效能感，自我效能感与语言基本技能呈正相关关系。

2.国内的研究情况

对我国绝大部分英语教师来说，英语既是教学内容，又是教学工具，我国对教师自我效能感最早的研究是对国外教师自我效能感研究的评价。

刘雅雯发现自我效能感高的教师在课堂上提问较多，多用参考性、开放性问题，并善于反思和协商，李玉升在分析了影响英语教师教学效能感的相关因素的理论基础上，提出了可以分别从学校层面和教师层面来提高教师的自我效能感的策略，夏莉等对英语教师的自我效能感进行了探索，论述了英语教师自我效能感对全社会英语教学水平的提高、学习者的进步、教师的身心健康及其专业化发展的影响。目前，英语教师的自我效能感和专业化水平较低，必须通过教师个人、学校、社会等多方面的努力切实提高教师自我效能感，促进教师专业发展。

由此可见，我国英语教师自我效能感的研究内容大部分为英语教师自我效能感与语言技能的关系，并且研究者普遍认为英语教师语言技能与教师自我效能感呈正相关关系。我国英语教师自我效能感研究的小部分内容是英语教师自我效能感与课堂教学行为之间的关系，研究者肯定高自我效能感对教师教学行为的积极作用。

概括来说，我国关于英语教师自我效能感的研究仍存在一些不足之处，主要体现在以下几个方面。

（1）从研究方法来看，多采用量化研究，通过问卷调查来收集数据，数据采集方法局限化，阻碍了教师发展领域的深度研究。

（2）大部分研究的问卷几乎都是直接采用吉布森和登博于 1984 年编制的教师效能感量表，很少考虑到我国的社会文化背景及不同国家的英语教学实际情况。

（3）大部分学者过于关注英语教师的自我效能感与语言水平之间的关系，并未深入探讨教师自我效能感的构建过程，因而无法得出全面结论。

（二）英语教师自我效能感的影响因素

国内研究者认为，影响教师自我效能感的因素包括教师的主观因素（价值观和自我概念等）和外部客观环境（社会文化环境、学校环境、人际关系、师生关系、教师教育者学历与个人特征等）。其中，教师的主观因素是影响教师效能感的关键英语教师作为教师群体的一个重要组成部分，其自我效能感同样受上述因素的影响。

1. 学校环境

作为教师发展的大本营，学校的整体氛围是影响教师态度和行为的重要因素之一。学校的文化氛围、师生关系、校领导的风格以及相关的促进教师职业发展的条件规章制度等，都影响着教师的自我效能感。例如，学校教学设备的不足及教师工作压力过大都可能会对教师的自我效能感产生消极影响，而班级人数少、师生互动好的课堂则能大大提升教师的自我效能感。

2. 社会文化

较多的社会支持和鼓励可以使教师安心教学并更加从容自信，使其自我效能感更高。近年来，随着改革开放、国际化进程的加快，英语的地位日益提高，英语教师的社会价值、个人价值不断体现，自我效能感也在不断提升。

3. 自我能力和自我经验

教学能力强的教师可以自我肯定，授课驾轻就熟，自我效能感较高；而教学能力较弱的教师则充满各种恐慌，效能感较低。同样，各种成功的经验能够让教师更加自信，自我效能感增强；与自己水平相仿的同事的成功也可以作为间接经验，增加教师的信心，提高自我效能感。此外，教育者若善于将失败归因于自己的努力不足而非其他客观原因，也会在一定程度上提高自我效能感。

(三) 提高英语教师自我效能感的策略

近年来，随着扩招在校生人数迅猛增长，英语除了作为专业必修课，又是各专业学习者必修的公共基础课程，需求量激增，英语教师资源紧缺，队伍呈现年轻化的趋势。鉴于教师的自我效能感会直接影响教师的教学行为，进而影响学习者的学习成绩和个人成长，因而尽快帮助英语教师提升自我效能感、提高教学的分效性、高效性，已成为广大教师管理者和相关专家学者关注的一个重要课题。

1. 促进英语教师的合作学习与经验交流

教师的合作学习和经验交流不仅能拓宽教师教育者视野、丰富教学经验，而且能帮助教师教育者解决教学中的困惑，提高教师教育者解决问题的能力。学校应积极为英语教师创设可观察同伴或专家教学的学习环境，使英语教师通过观察、模仿和交流，有机会向专家学习、向优秀教师学习，与同伴分享交流经验，从而提高其自我效能感。此外，学校也可以通过组织优秀教师教育者现场展示或者录制课堂教学视频，激励所有的观摩教师，为他们的自我效能感提升提供间接的经验。

2. 完善英语教师的进修、培训制度

英语教师的学历、职称以及教学科研能力等参差不齐，英语教师队伍中出现了教师知识缺乏或知识老化、教学理念落后以及科研能力不强等问题。如今英语教师教育者更需要及时与国际接轨，更快更好地了解相关专业学术领域的理论研究前沿。在教师教育者自我努力的同时，应制定出切实可行的英语教师教育者进修和培训制度，给予英语老师足够的时间和经费，为教师教育者提供诸如国内外访学、进修、寒暑假培训、学术研讨会、讲座、校际合作、录像课、示范课等机会，鼓励教师教育者投入精力去进行科研创新活动，全面培养教师教育者的英语教学和科研能力。在职教师教育者的进修可以帮助强化教师教育者认知、情感和技能三方面的综合能力：在认知方面提高其教学能力；在情感方面鼓舞教师教育者的教学热情，激发教师教育者的教学动机；在技能方面强化教师教育者专业教学方法和策略。

3.健全英语教师的评价反馈系统

学习者的喜欢、同行及领导的肯定会提升教师教育者的自我效能感如今，我国英语教师教育者评价标准不统一、过于笼统和不明确的评价模式给教师教育者的自我效能感带来消极影响。一个完整的教学科研评价系统应至少包括以下四点。

（1）观察教师的教学过程。参与课堂的观察者既可以是同行教师教育者，亦可以是教学经验丰富的专家教授，他们以公正、真诚、不批判的态度走进课堂，帮助教师发现课堂问题并进行积极的课后反思。

（2）建立教学评价标准。把教师评价标准细化、具体化，对不同教龄、不同职称的英语教师应实施分层的评价模式，对自我效能感相对较低的新教师，应以帮助鼓励为主，适当降低评价标准；对自我效能感相对较高的教师教育者而言，应在其顺利完成教学目标的前提下给予新的任务，进一步提升教师的自我效能感。

（3）教学效果的评价、反馈及改进建议，对教师教学效果的评价应尽可能采用自我、同行、学习者、领导、专家等多层次的评价标准，多给教师以鼓励，对教师的课堂表现多提出善意且有建设性的意见，同时可以将教师的自我效能感等纳入评价中，形成一套更为完整的反馈系统。

特别值得说明的是，完整的教师专业发展评价内容应涵盖教师专业素质评价、教师工作过程评价和教师工作绩效评价三个方面。其中，教师工作绩效是教师工作水平和状态的最终体现，应成为评价教师工作的核心。

（4）教师科研能力的提升。科研与教学占据着现代使命的两个重要方面。提升教师的科研能力，使教师能够运用恰当的方式进行教研科研，有效探索教育教学规律，有助于教师更新教育理念、完善知识结构、提高创新能力，从而提升自我效能感。

4.建构支持英语教师的外部环境系统

如今英语教师面临着巨大压力,如社会对教师的期望过高、信息化时代时英语教师地位的挑战、繁重的教学任务、学历职称的压力、复杂的人际关系、竞争应聘上岗等,以至于产生心理危机,滋生各种负面情绪。因此,社会和学校等外部环境应共同努力,为英语教师营造一个支持其获得职业威望的社会氛围,提高英语教师的社会地位学校应建立促进教师发展的档案制度,进一步完善教师的职称、职务聘任制度,督促教师保持自身弓业发展的主动性和持续性。校领导和学校管理体制也应不断优化,允许教师参与学校的决策与管理,为教师提供融洽的工作环境,减轻教师过重的工作与心理负荷,促进英语教学质量提升及英语教师的专业化发展。

二、群体效能感

英语教学改革和课程的深化使教师教育者的专业发展从个人层面向职业群体专业化的方向发展。班杜拉最早开始研究教师的群体效能感,他研究了79所小学教师,发现学习者家庭的社会经济背景、教师的教学资历以及教师的群体效能感可以较好地预测学习者的在校学习成绩。对于教师来说,个人在其所处团队中也会逐渐形成共同的思维方式、价值取向和行为模式,因此,为促进教师的专业发展,必须重视教师的群体效能感:

(一)英语教师群体效能感的研究意义

1.有助于英语教师教育者的自身专业发展

我国英语教学改革的深入发展使高素质英语教师的需求日益增大,英语教师的专业素质是教育改革成功与否的关键。在进行职前教师培训时,英语教师已掌握了英语类显性知识,而课堂教学的实践经验则需要教师在长期的课堂情境中逐步积累。获取实践性知识最有效的途径是教师之间的交流,可见,基于同伴无助合作交流的教师群体效能感是促进教师自身专业化发展的重要途径之一。吴康宁指出,教师在执教数月后,其态度与同事的相似性大大提升，学校的管理者、同事及学习者都是教师职业社会化的重要影响因素。

2.有助于英语教师群体的成长

同事是合作的伙伴，教师之间应是相互学习并共同提高的伙伴关系。英语教师的群体合作为教师教育者之间的相互交流提供了平台。具有不同智慧水平、知识结构、思维方式、认知风格的英语教师们通过表达、分享、协作等方式，把自己的教学和科研知识、体验与其他教师分享，既能使其他教师受到启发，又能弥补自己的不足，实现经验利用的最大化。

当教师群体在整体上搭配合理时，就汇聚成共同的方向，显示出不断优化的趋势。教师个体在群体中取长补短，同时其不断碰撞出的新知识又带动着整个群体的更新；这使教师群体始终处于动态平衡发展的状态中，最终实现共同发展。

3.有助于学校的持续发展

高等教育是一个以知识活动为主要特征的社会系统，在高等教育系统内部，知识被发现、保存、完善、传递和应用，围绕知识运行是高等教育系统的主要特征积极的教师群体效能感和卓越的教师群体是发展的决定性因素，构建良好的教师发展群体对其建设和发展至关重要。

（二）提高英语教师群体效能感的策略

鉴于教师群体效能感的重要性，如何更好地发挥教师的群体优势，营造群体氛围，实现教师群体对教师教育者个体专业发展的促进功能，已成为研究的重点。

1.创造合作环境

学校管理者应转变为教师群体文化的构建者，实施人文化的教师管理，营造民主、开放的交流环境，帮助协调教师和各部门之间的关系，为教师间的合作交流创造机会，从而有效提高教师的群体效能感。

在科研方面，英语教师很难凭一己之力承担某一项科学研究通过合作完成课题研究促进发展是增加教师群体效能的重要途径之一。以课题研究为依托，组织教师集体备课、学习、讨论，既能帮助教师潜移默化地提高门身专业知识和素养，又能使教师增强对群体的信赖感、认同感和责任感，从而形成群体凝聚力，更高效地提高学校的教学质量和促进教师自身的职业发展。此外，学校应建一个集专业知识收集、分类、检索、分享和交流等各个环节为一体的完整的校园网络系统，从而既满足教师个人不限时地在线学习，又为教师提供共享平台。

2. 建立教师专业学习共同体

在信息化时代，鉴于教师队伍内部人员的水平参差不齐，若能充分发挥老教师和青年骨干教师在团队中的指导作用，形成默契的合作小组，建立起教师专业发展的学习共同体，就能实现教师在合作中的自我超越，最终实现教师群体的共同发展。

以教师个体的成长为关注焦点的专业学习发展共同体的核心是教师之间基于平等的合作，共同体内部成员之间交流思想、经验、教训、情感，以及各种学习资料和成果等，共同进步在以"白发"和"自愿"为基础的教师群体合作文化的规范下，教师能在一个互信的环境中相互激发、共同探究、共同讨论教育教学上的失败和不确定性，在此群体效能下，教师能够从同事那里获得更多专业发展所需要的工具性支持和社会情感支持，从而更加自信。因此，无论是现实中的共同体，还是虚拟共同体，都能促进教师之间的合作；而教师间积极正面的群体效能，又反过来使团队成员之间联系得更加紧密。

3. 更新理念，实施发展性教师评价

要提高教师的群体效能感必须要提倡发展性教师评价，即在宽松的环境下让评价对象自觉主动地发展，从而体现评价对象的主体价值在关注结果的同时要更加关注过程，充分挖掘教师的潜在价值，最大限度地调动教师的工作积极性。

从教师间的相的听课来说，教师在白愿的基础上与他人合作，相互观摩彼此的课堂教学，随后交换信息并进行客观分析，不仅能提高自己的教学能力,还能加强彼此间的理解和认同,带来职业的愉悦和满足。在教师人际关系评价方面,强化相互欣赏,淡化挑刺;在教师工作质量的评价方面,强化敬业精神,淡化分数;在教师工作方式的评价方面,强化团队合作,淡化个人竞争只有这样,才能减轻教师的心理压力,促进健康和谐人际关系的形成,从而建立一种取长补短、集思广益、切磋研究、密切配合的良好工作氛围,提高教师在群体文化中的满意度,加强教师的群体效能感。

三、职业幸福感

教师的职业幸福感是教师基于对幸福的正确认识,为了实现职业理想,在教学岗位上产生的一种满足、愉悦的生存状态。

（1）对英语教师期业幸福感的相关研究

1. 国外的相关研究

下面主要介绍学者们对教师职业幸福感的研究情况。

关于幸福感的研究兴起于20世纪50年代的美国。1967年,威尔逊在《自称幸福的相关因素》中首次评述了对幸福感的研究,也拉开了对幸福感理论及实证研究的序幕。根据马秀敏的综述,国外关于教师幸福感的研究进行得较早,成果也较为丰富。国外学者把影响教师职业幸福感的主要因素归纳如下:

（1）教师的自身特征和外部环境的相互作用;

（2）教师的可控因素,如教研过程中的成就感、学习者的进步、教师在课堂上的角色和责任等。

（3）不受教师控制的因素,如学校的管理制度和风格、教师的作受和工作条件以及薪酬待遇等。

2. 国内的相关研究

在国内,叶澜教授的《让课堂焕发生命的活力》开启了对我国教师职业奉福感的研究进程。蒋业梅分析了影响女教师职业幸福感的因素,提出女教师职业幸福感发展的有效途径，并指出在自身和外界的压力下英语女教师的职业幸福感不断流失。胡春琴以138名英语教师为研究对象，探讨英语教师的专业发展和幸福感的相关性，发现英语教师的专业发展情况整体良好，英语教师专业发展水平与幸福感之间呈显著正相关关系。

陈学金、邓艳红对我国近年来发表的48篇有关教师幸福的量化研究文献进行了分析，指出现有研究中存在对教师幸福感的认识缺乏完整性、研究内容及方式存在诸多局限性等问题，建议应编制出适合中国国情的教师幸福感测量员表，明确不能以偏概全地研究教师全体的幸福感。

（二）英语教师职业幸福感的影响因素

教师这一职业崇高而神圣，但不少相关研究发现许多教师在从教多年以后职业幸福感逐渐消失，甚至产生了职业倦怠感。

1. 个人因素

自扩招以来师资一直短缺，大量的新手教师加入了英语教师队伍，因此，在以青年教师为主的英语教师队伍中，存在平均年龄、学历、资历和职称较低的现实问题，在专业发展方面受到诸多限制，如进修机会少、课题申请困难、科研经费不足等。另外，新手教师所具备的理论知识大都缺乏具体经验作为支撑，因而在教学理论、教学实践、师德培养等方面都与成熟教师存在差距。但过于繁重的教学任务、不断改革的教学观念和课题模式，以及职称、家庭和健康等方面的压力又使新手英语教师无暇顾及自身的专业发展。他们把教学工作作为"谋生手段"，消极地、无创造性地重复每天的教学工作，身体和心理一直处于疲倦和压力之中，工作满意度和职业幸福感较低。

马斯洛的需求层次理论指出，人在满足物质需要后，才会寻求高级需求的满足，因此，教师的职业幸福感也要有充分的物质条件做保障。虽然国家已经出台了一系列旨在提高教师待遇的政策法规，但从总体上看，教师的薪酬与付出远不成比例，这打击了教师的工作积极性，降低了教师的职业幸福感。

2. 学校管理因素

在学校管理方面，学校的规章制度复杂，教师除了要完成常规的课堂教学外，还要疲于应付各种比赛、考核和评比；原本旨在激励教师的考核成为束缚教师发展的桎梏，使教师难以专心追求工作的内在价值。

在职称评比、绩效评估、奖金分发等方面的不平等，导致教师缺乏工作动力。在教师评价方面，评价标准比较单一，评价体系不完善；在教学氛围方面，有些学校的领导、教师和学习者之间的人际关系较为复杂，致使教师每天都生活在紧张的工作环境中，感受不到人与人之间的友谊以及教育事业所带来的快乐。

学校对英语教师的期望值高，但却没有为其提供更好的发展平台，在缺乏资源的氛围下，教师的消极情绪得不到合理的宣泄，职业倦怠感滋生，职业幸福感逐渐减退。

3. 社会因素

在"科教兴国"的背景下，教师的社会地位和职业声望不断提升、职业身份有一种自觉的认可度，但同时社会对英语教学的过高期望给教师带来了巨大的精神压力，这在很大程度上影响了教师的职业幸福感。

（三）提高英语教师职业幸福感的策略

教育的理想是培养幸福的人，幸福是现代教育的终极价值。在提倡教师专业发展的今天，如何让教师在专业发展的过程中体验职业的幸福感显得尤为重要。

1. 提高英语教师的专业化水平

教师的专业发展是提升教师教育者职业幸福感的重要途径。教师专业发展水平直接决定着教师的教学方式、师生互动以及教师在教学中获得的幸福体验教师的专业发展越充分，构建幸福课堂的能力越强，教学效果越明显，教师的职业幸福感就越强烈。

（1）英语教师要调整自己的角色定位，不断接受各种在职培训和继续教育学习，永葆对知识的渴求之心，同时通过反思日记、专业成长等活动，对自己的过去及现在的教学科研工作进行批判反思，逐渐提高对自身专业发展的认识，积极规划自身的专业发展方向。

（2）应健全科学、客观、公正的教师职业绩效评价机制，从物质与精神两个角度积极营造适合教师专业发展的环境，使教师专业发展从个体走向群体，从被动走向主动，自觉提升自己的专业化水平。

2.提升英语教师的职业认同感

教师的职业认同感是教师在内心对其所从事的教育职业的价值与意义的肯定，并能体验教书育人的幸福感。教师的职业认同感强调教师从自身的教学经历中逐渐发展、确认自己的教师角色。教师这一职业既是谋生手段，也是实现自我价值的生活方式。对教师这一职业的认同感是教师享受职业幸福感的心理基础，使"生活方式"成为教师的职业观是教师职业幸福感的真正来源，教师职业幸福感是内化于教师生活方式之中的教师职业理想的实现带给教师的幸福体验是物质刺激无法代替的。

林丹认为，教师职业幸福感缺失的根本原因在于教师籽职业作为一种"谋生手段"，因此，要想使教师真正获得职业幸福感，应使"生活方式"成为教师的职业观，即是教师的职业幸福感内化于教师的生活方式之中。刘熠发现英语教师职业认同研究作为一个较新的研究课题，在定义的清晰化、研究框架的理论化以及研究方法的系统化等方面有着较大的发展空间。因此，探索英语教师的职业发展认同感，对教师的个人专业发展以及全国英语教学发展都具有重大的理论意义和现实意义。

3.改善英语教师的生活状况

幸福是精神、物质双重满足的状态.要想改善英语教师的生活状况，可从以下两个方面入手。

（1）一定的物质保证是英语教师职业幸福感的根基所在，英语教师只是通过从事学校的公共英语教学工作获得基本收入，这降低了他们的专业发展动力。因此，政府应该加大英语教学经费的投入力度，一部分用于补贴英语教师的工资，另一部分作为培训英语教师师资的专项经费。社会各方面都应不断改善英语教师的生活条件、满足教师的合理需求，只有建立一个内具公平性、外具竞争力的教师薪酬管理体系，才能稳定教师队伍、调动教师工作积极性，使教师将教学职业升华为生活方式因此，稳定的经济收入是提升英语教师职业幸福感的必备条件之一。

（2）除了使教师获得稳定的经济收入外，高雅的生活情趣与和谐的家庭关系也是教师幸福感的重要来源，能够为教师的职业幸福感提供有力的保障。

总之，英语教师的职业幸福感直接关系着英语教学质量的提升和整体师资队伍的稳定，对社会教育事业的健康发展具有重大意义。因此，分析教师职业幸福感的特征，探寻教师职业幸福感的来源，提升教师职业幸福感的体验能力，对于教师的个人专业发展和教师队伍的建设均具有重要意义。

第四章　高校英语教师在专业发展中的作用

自 20 世纪 80 年代以来，教师专业发展已成为世界各国教育改革中心主题之一。我国社会经济的飞速发展也迫切需要提高教师专业化水平，发展专业化的教师队伍。但是，师范教育体系这一传统的教师培养制度已不能满足这种需要。袁贵仁在《加强和改革教师教育，大力提高我国教师专业化水平》一文中指出："我们现行的教师培养制度与教师专业化的要求比起来明显滞后。维持现状，就是维持落后，改革现行教师培养制度势在必行。一方面，我们应该加大教师培养的开放力度，有效落实国务院关于鼓励综合性高等学校和非师范类高等学校参与培养、培训中小学教师的工作，探索在有条件的综合性高等学校中试办师范学院的要求；另一方面，要根据专业化的要求改革师范院校的教育教学工作，拓展学术视野，增强综合能力，提高学术性、研究性，营造教师培养的浓厚学术氛围；改进课程结构和教学方法，提高教师专业性培养的有效性；同时，各师范院校也要从实际出发，根据社会需求，为经济、社会发展提供各类急需人才。因此，高等院校教师应认识到，提高教师专业化水平需要高等院校的大力支持和参与。

对那些承担师范教育的高等院校英语系来说，其教学任务包括为中小学培养即将入职的英语教师和培训在职英语教师，其学术研究自然应该包括基础教遍受到承担教师教育任务的高校教师的重视，有关基础教育的研究也没有普遍得到高校教师的正视。在某些高校外语专业教师眼里，大学外语教学研究、语言学研究、文学研究和翻译研究才属于高校教师研究的领域，而基础教育研究不具有多少学术性。这种观点表现出一种狭隘的学术视野，是把高等教育与基础教育完全隔离的心态，也反映出一些高校教师对大学在国家整个教育体系中应承担的责任缺乏全面认识，没有意识到高校教师肩负着促进教师专业发展的使命。高等院校如果在国家教育改革和发展中充分发挥培养优秀人才的积极作用，高校教师就必须拓展学术视野，在为基础教育提供服务方面做出应有的贡献。

第一节 高等院校对基础教育的责任

高等院校是教学和科研机构，为国家培养各领域所需要的专门人才，为社会提供各种学术性服务，包括对其他等级教育提供学术性服务。关于高等教育对其他各级教育所具有的责任，联合国教科文组织在1995年公布的《高等教育变革与发展的政策性文件》中指出：凡是具有远见卓识的教育观点和合适的教育政策都必须把教育系统看成为一个整体。因此，高等教育的任何改革都必须考虑它与其他各级教育之间密切的相互依赖关系。

教育系统的这种必要的联系源于这样的事实，即高等教育既要依赖先前各级教育工作的成果，又要负责对中小学教师进行培训。此外，研究与革新，包括新的教育方法和教材与学习资料的编制，通常先由高等教育机构的工作人员进行设计、编订和试验，然后才在全系统予以实施。高等教育必须在整个教育系统的革新中发挥领导作用。

主张加强高等教育与中小学之间联系的另一个有说服力的论据是，在中小学和职业技术学校执教，日益需要具有受过高等教育培训的素质和技能，这在培养学生自学能力和批判性思维方面尤为如此。要充分掌握所教授的学科，还需要进行一定期限的在职培训。高等教育可通过在教师的专业发展中所发挥的这种作用，促进教师职业地位的提高。

显然，高等教育与其他各级教育建立密切联系是世界各国教师专业发展所应采取的措施。

　　教育理论研究和教育实践训练在教师专业化发展中发挥着先导作用。在推动教师专业发展过程中，高校教师应在理论和实践方面都发挥积极的作用。一方面，高校教师有更多的机会接触和研究各种教育教学理论，应该在此基础上探索对我国基础教育发展更为适用的理论。另一方面，高校教师担负着培养中小学教师的任务，这既包括对在职中小学教师的继续教育，也包括对在校师范生的培养。高校教师有责任引领这些现在和未来的教师广泛接触和了解多种教育教学理论，并对教学实践进行反思，培养他们的理性思维能力，以及用理论指导实践和在实践中检验、完善或探索理论的能力。

　　目前，农村中小学英语师资较缺乏，小学英语师资更是严重不足。我国幅员辽阔，地区之间经济发展的不平衡导致教育发展不平衡。大中城市英语师资条件较为优越，而广大的农村地区，尤其偏远落后的农村地区，英语教师严重匮乏。英语专业毕业的小学教师为少数，多数英语教师是兼职、临时带教或从其他学科转岗的，他们缺乏英语专业的系统知识和教学技能，很难达到教学要求。自20世纪90年代以来，随着农村中小学英语教育改革的深入，农村中小学英语教师的继续教育工作有了较大发展，许多高校教师参与到农村中小学教师培训的教学中。但是，继续教育的教与学存在着严重脱节的问题：一是教学内容不实用，随意性大，没有学历教育的教学内容那样规范；二是照搬学历教育（自考或统考）的课程设置；三是教学模式陈旧，缺乏前瞻性；四是继续教育培训的方法和手段落后；五是教学内容重复，脱离农村中小学英语教学实际。由此看来，在如何提高农村中小学英语教师专业水平的问题上，高等院校需要加强与中小学教师的沟通，高校教师有责任研究中小学教师培训的内容，探索有效的培训方法。

第二节　教师专业发展对高校英语教师的要求

当今世界，科学、技术、经济、环境等影响人类生活的各个领域都不断地发生着变化，使教育面临着令人困扰的各种问题和挑战。教师只有追求专业发展，才能在充满挑战的工作环境中生存和发展。教师专业发展对参与师范教育的高校教师提出了更高的要求。

教师专业发展对高校英语教师具有双重含义：一层含义是高校英语教师追求自身的专业发展，另一层含义是为中小学及其他中高等专门学校英语教师的专业发展提供服务，从而促进教师队伍整体的专业发展。但两者是密切联系的。教师专业包括学科专业和教育专业，教师专业发展就是教师通过学科和教育两领域专业知识的增长和更新以及教育教学技能和能力的提高而成为学科和教育两方面的专家。高校英语教师的专业发展包括在英语语言知识和运用能力方面的不断丰富和提高，在个人研究方向（如语言学、英美文学、翻译、英语教学论）的知识深化更新和对该领域最前沿知识的掌握，以及在所教课程的教法和教育知识方面的提高。由于高校教师的专业素质对高等教育质量具有重大影响，是培养优秀人才的一个重要条件，所以高校教师自身的专业发展对推动其他各级学校英语教师的专业发展也具有积极作用。中小学教师的专业发展包括不断学习和更新学科知识、探索学科教法和掌握满足时代要求的教育知识。高校教师站在学科和教育知识的最前沿，有责任为在校师范生和接受继续教育的中小学教师提供服务，以促进他们了解学科和教育的最新知识。因此，参与教师教育的高校教师必须了解基础教育改革的目标和要求，了解课程目标，了解中小学教师的需求。唯有这样，才有可能为基础教育提供有价值的服务。

中小学教师中有一种观点，即大学是个务虚的地方，中小学是务实的地方。之所以这样认为,是因为高校教师虽然掌握较多的学科知识和教育教学理论,但对中小学教学实践缺乏经验,所提出的观点和方法有时令中小学教师感到有道理但不实用。高校教师如果想在教师专业发展过程中发挥实实在在的作用,就必须深入当今课程改革第一线,进入中小学进行调查研究。从事师范教育的大学教师需要对我国的基础教育有更多的了解,需要了解中小学师资状况,了解中小学的管理机制,了解基础教育者的教育理念等。只有深入调查研究,才能发现问题,从而使自己的教学和研究工作更具有针对性,使自己成为解决问题型的研究者和教育者,而不是空谈家。高校教师如果缺乏对我国基础教育的了解,而只是一味地赞赏和极力推广国外的某些教育教学理论和方法,就不可能提出令一线教师信服的教育教学观点和方法。在赞赏某种理论和方法的时候,一定要分析它成功的本质,并清楚地认识它成功的条件。比如,谈到对任务型教学法的运用,我们要认识到它的本质就是给学生创造使用目的语的机会,让学生边学边用,边用边学。至于教学过程中哪个环节上花费更多的精力和时间则因人而异,英语基础好的学生稍一接触新语言材料就能很快进入完成任务的环节,而英语基础差的学生则需要用更多的精力和时间来学习完成任务所需要的语言。所以我们不能说运用任务型教学就一定要把任务放在首位而不进行语言操练。

第三节 高校英语教师在教师专业发展中的作为

近年来,为了加强教师专业化建设,提高教师的专业化水平,世界各国普遍采取了几方面的措施:提高教师培养的专业化水平;为教师提供专业发展的机会;给予教师专业方面的自主权。推进教师专业发展需要政府部门、教育机构、科研机构、学校领导者和教师的多方努力,需要法律、政策和制度的保障,需要教育理论的支持,需要教育者的积极投入。作为高校英语教师，可以在提高英语教师培养的专业化水平方面大有作为。

提高英语教师培养的专业化水平，首先从提高英语教师的职前培养水平着手，即从提高在校师范生的培养质量着手。教师的职前培养是教师专业化的起点，职前培养的专业化水平对教师入职后能否迅速进入角色、胜任教学及教育工作具有重大影响。英语专业在校师范生所接受的专业教育应该使他们达到：把"教书育人"看作教师的神圣职责，善于寓思想教育于英语教学之中；具有熟练运用英语的能力，掌握英语语言知识；了解外语教学的基本理论，掌握基本的英语教学技能；善于运用现代教育技术；掌握教育学、心理学和外语教学法知识，能够根据学生的认知水平灵活采用教学方法。围绕这些培养目标，从事师范教育的高校英语教师人人有责任研究师范教育的课程设置和培养方法，通过各门课程的教学、学术讲座和其他学术活动、教育实习指导和毕业论文写作指导等工作，培养具有基本专业素质的未来英语教师。

提高英语教师培养的专业化水平，还包括提高在职英语教师培训的质量。教育的发展要求教师不断更新教育教学理念，更新知识，提高教学技能。更重要的是，培养独立发现问题和解决问题的能力，使自己能够在不断变化的环境中可持续发展。高校英语教师参与中小学教师培训工作，可以促进中小学教师开阔视野、提高教育教学理论水平、拓展英语专业知识、提高英语语言运用能力、提高教学技能和教学研究能力。

当今的基础教育改革，要求师范教育培养和培训适应我国基础教育特别是新一轮基础教育课程改革所需要的新型教师，因此，从事教师教育的高校英语教师除了上好各自承担的专业课程之外，应该了解基础教育课程改革，了解英语新课程，掌握新课程的理念和实施方法，把新课程的内容融入在校师范生培养和教师继续教育工作中，这样，才能引导师范生和受培训教师关注教育现实、关注实际教学问题、探索解决实际教育教学问题的理论和方法。

了解和研究基础教育课程改革，是从事教师教育的高校教师的工作需要。

英语专业教师都有指导本科生教育实习和撰写毕业论文的任务，许多教师都参与中小学教师的培训工作，许多硕士生导师都承担教育硕士的教学和指导工容，是胜任这些工作的必要条件。

了解英语新课程的六大基本理念，将有利于调整高等院校对基础教育教师培养和培训的内容及教学方式，使之适应培养和培训新课程教师的需要。

（1）注重素质教育，促进全面发展。注重素质教育的含义是："英语教育应该与其他学科教育共同努力，促进学生素质的全面发展，提高学生的人文素养，增强实践能力和创新精神。"通过英语课程的学习，学生应在情感态度、综合语言运用能力、学习能力、思想品质、科学精神等方面都得到全面提高。（2）面向全体学生，尊重个体差异。面向全体学生意味着使每一位学生都得到发展，而不是只注重培养少数尖子学生。学生之间存在的差异主要表现在兴趣爱好、学习风格、学习基础、学习潜能等方面。尊重个体差异，教师就不能对所有学生制定统一的标准要求、使用单一的教学材料、采用一样的教学方法，而应根据不同学生的特点因材施教。（3）整体设计目标，体现灵活开放。《英语课程标准》把从小学三年级到高中毕业的英语课程目标设定为九个级别，以学生"能够做某事"具体描述每个级别的要求。这种整体目标的设计便于实现国家三级课程管理，从而克服由于各种差异给英语教学造成的障碍。（4）强调学习过程，倡导体验参与。新课程提倡采用既强调语言学习过程又有利于提高学生学习成效的多种语言救学途径和方法，鼓励学生在教师引导下，通过体验、参与、实践、探究、合作等方式，发现语言规律，逐步掌握语言知识和技能，不断调整情感态度，形成有效的学习策略和自主学习能力。（5）注重评价过程，促进学生发展。新课程要求改变过去那种过分重视学科知识的考察，重结果、重成绩、重甄别与淘汰的评价方式，强调注重过程的评价，以促进学生的发展。注重过程的评价，就是加强形成性评价。（6）开发课程资源，拓展学用渠道。在传统教学中，课程资源几乎只有一套教科书。在当今信息时代，我们有了丰富的课程资源，教师应善于发现并将它们运用到教学中，同时还要引导学生学会利用各种学习资源，丰富学习方式，学会学习。

新课程提出新的教学观念和教学方式，给中小学教师提出了多方面的挑战。英语新课程要求教师转变角色，从知识的传授者变为学生学习的促进者、课程的开发者、教学研究者；新课程的结构和内容都发生了很大变化，有许多新知识，科技、外国文化、环境、旅游交通、自然、社会、文学艺术等都成为英语新课程的教学内容，新课程要求改变教学方式，培养学生探究、合作和自主学习的能力。如何实施新课程，是中小学教师深感困惑的问题。为了回应挑战，中小学教师迫切需要不断更新专业知识和能力结构、掌握课程开发的知识和技能。各级教育领导部门都努力为中小学教师的专业发展创造条件，与大学合作就是重要措施之一。从事师范教育的高校英语教师如果不了解新课程，就不可能在中小学教师的培训中确定有针对性的内容，就不可能满足中小学教师提高专业素质的需求。

教师的教育教学观念和教学方式方法总是在无形中影响着学生，因此，承担教师教育的高校英语教师应该在教学和培训过程中起到良好的影响和示范作用：首先，高校英语教师要了解多种教育理念，从中吸取适合各自教育教学情境的东西，以指导自己的教育教学行为。例如，创新教育理念主张全面发展学生智慧品质；合作教育思潮强调教育教学以建立师生之间的合作为基础；认知学习理论主张教师要培养学生的认知策略和认知能力；建构主义教学观告诉教师要努力创造适宜的学习环境，以使学习者能积极主动地建构他们自己的知识；发现教学法旨在发展学生的智力，培养学生的探究思维能力。如果这些教育理念在高校教师的教学行为中体现出来，那么，它们就有可能潜移默化到学生的思想中，影响他们未来的教学行为。其次，高校英语教师要改变自己的教学方式。课程改革倡导中小学教师改变满堂灌的教学方式，不要把学生当作被动接受知识的容器，而应调动学生的主动性，引导他们探究发现知识，通过实践发展能力。实际上，高校教师也需要改变教学方式，根据教学内容和教学对象有选择地采用讲解、讨论、学生报告、专题研究等方式，让学生在探究、实践中发展能力。另外，高校教师应表现出良好的职业道德。责任心、耐心、公正、敬业、正直、尊重别人、尊重权威等品质是教师必须具备的，具有良好职业道德的教师必然受到学生的尊敬，也会被学生视为楷模。

从事教师教育的大学教师应与中小学教师结成研究伙伴，建立教育及教学研究的合作关系。在基础教育方面，大学教师理论多实践少，而中小学教师实践多理论少，两者结合能够相互取长补短，促进理论与实践的结合，达到用理论指导实践，又在实践中验证理论、发展理论的目的。在基础教育英语课程改革中，从事教师教育的英语教师，尤其是英语教学研究者，应积极研究新课程在实施过程中的成功经验和遇到的问题。在实施新课程的过程中，既有大量的成功经验，又遇到不少问题。经验需要总结和推广，问题需要研究和解决。这两项任务都需要师范院校的积极参与。高校教师与中小学教师共同研究教育教学问题，共同探索符合中国国情的英语教学理论和方法，为英语课程的发展提供理论和实践支持，就能够达到大学教师与中小学教师专业发展的双赢。

一、反思性教学的内涵

反思性教学源于美国教育家杜威（Dewey）的反思行为的概念。20世纪早期，杜威对人类的反思行为和常规行为进行了区分，他在该方面的许多论点都是针对教师而言的。

常规行为是受冲动、传统和权威引导的行为。在任何社会背景下，人们对日常的现实都有一种想当然的态度，其目的、问题以及解决方法都以一定的方式确定下来，只要生活在没有打扰的情况下继续下去，这种现实就被认为是没有问题的。不知道对工作进行反思的教师就会不加批评地接受学校中的日常现实，努力寻求最有效的方式达到目的，解决那些主要由别人给他们界定的问题。这些教师没有看到一个事实，即他们的日常现实只是许多可能选择的方式之一。另外，他们还往往忘记自己工作的目的。

反思行为包括对任何信念或实践进行的主动的、持续的、仔细的思考，既考虑支持该信念或实践的依据又考虑它导致的结果。杜威认为，反思包含对问题的回应方式。反思型教师反思他们的教学以及他们的教学所置身的教育、社会和政治环境。

从以上定义我们可以看出，反思性教学是教师为改进教学而对教学进行反思的行为，包括收集有关教学的数据，对自己的信念、态度、价值观、知识、假设、教学实践以及社会所给予的机会和限制进行批判性思考，从而寻求其他方法以更有效地达到目的和目标。

Pollard 认为反思性教学有六个特征。

（1）主动性与质疑性特征：反思教学积极关注教学的目的和结果，也同样关注达到目的的方式和方式的有效性。教师首先关注的是教学的目标和目标的实现，同时，教学不是孤立地存在的，它与社会有密切的联系，因此教师必须以一个职业家的眼光，对不合适的教育政策、不实际的教育目标、不正确的教育价值观提出质疑和反思。

（2）动态性和循环性特征：反思教学采用循环和螺旋上升的方式，教师在这个过程中不断地调节、评价和改进自己的教学。通过这个动态过程，教师要计划、准备、实施、收集数据、分析和进行评价、做出判断和决策，然后进一步调整计划，实施下一个循环的反思与研究，不断推进教学质量的提高。

（3）实践性和实验性特征：反思教学要求教师掌握进行课堂教学研究的方法，以支持教学能力的发展。进行反思教学，教师需要三种能力，即实验能力、分析能力和评价能力。实验能力指实验中的数据收集，能够描述教学现状、教学过程，分析原因和结果。这里的数据既包括客观的数据，如量化数据、考试数据、问卷调查等，也包括主观的数据，即对情感、观点和看法等数据的收集。分析能力指对数据的解释的事实只能是事实,只有经过解释和分析的事实才有意义和价值。评价能力指对研究的结果做出判断,使结果能够被应用和借鉴。

(4)开放性特征:反思教学要求教师具有开放的态度,高度的责任心和全身心的投入精神。要能够听得进他人的不同意见,敢于对自己的信念提出质疑和挑战,能够主动了解不同渠道的意见和信息,这些都是开展反思教学的非常重要的前提。此外,教师要认真考虑每一个行动步骤的结果是否与社会道德和教育价值观相符合,要本着对社会、家长和学生负责的精神开展教学反思活动。最后,全身心地投入是成为反思型教师的必要条件。

(5)调节性与职业性特征:反思教学建立在教师的职业判断能力基础上,职业判断能力的形成一部分来自反思,一部分来自教育学科研究的理论与实践。教师知识是不容忽视的实践性知识。不论每个教师受过什么样的教育、在什么样的学校工作,他都有自己的教学信念和实践性理论,尽管他不一定能描述出来,但是这些信念和理论都在潜移默化地指导和影响着他的教学和他在教学中的决策,是他做出职业判断的基础。反思教学可以使教师把这种潜在的信念和实践性理论从隐性转化为显性,在实践中进一步得到检验,而初步上升为具有指导意义的教学理论。教师的职业判断能力还来自教育科学的研究成果,因此,加强教育学科理论的学习是反思的必要基础。

(6)合作性和有效性特征:反思教学、专业化发展和个人的价值实现在与同事和研究者的合作与对话中得到相互促进和强化。教师如果能够与同事、学生、学校和研究者共同合作开展反思研究,将会使教学、教师和学生得到最大限度的发展。

二、反思型教师的特征

教师专业发展要求教师做反思型教师。反思型教师在各个层面评价自己工作的起源、目的和结果。泽兹纳和利斯敦指出,只是对教学进行思考不一定构成反思性教学，如果一个教师从来不对引导他/她工作的目标和价值观、他/她工作的环境进行质疑，从来不审视自己的假设，我们就认为这个人没有进行反思性教学，反思型教师应具备某些突出特征。

杜威指出，开放、负责和全身心投入的态度是反思行为的先决条件，格兰特和泽兹纳认为这三种态度也应是反思型教师的特征。开放态度指的是有积极的愿望听取多方面意见，对其他可能性给予充分的注意，承认即使我们认为最重要的信念也有存在错误的可能。反思型教师对教学内容、教学方法和教学步骤都抱有开放的态度。有些刚参加工作的年轻教师，每隔一段时间就主动与学生交谈，了解他们对教学的看法，或让学生写出对教学的意见和建议，以此作为改进教学的依据。这就是开放态度的体现。又如，一个教师来到一所新的学校，面对这里习惯采用的教学模式采取何种态度？是不加思考地接受并沿袭还是以质疑的态度对其进行分析然后探索更加有效的教学方法？具有开放态度的教师不会盲目地接受任何一种教学模式。

负责态度是指对一个行为导致的结果给予仔细地考虑。有责任心的教师根据自己对教育目标的认识自问为什么在课堂上做自己所做的事情。学校所教给学生的不都是正式批准的课程，教师行为对学生的影响也不是事先可以预测的。鉴于那些"隐性课程"的实际教育结果和教师行为不可预测的结果对学生具有极大的影响，对教学行为的潜在影响进行反思就显得极为必要。例如，当今我国的英语新课程以培养学生综合语言运用能力为教学总目标，因此，新教材的内容丰富，词汇量也大大提高。但由于课时所限，教学中教师们不得不对教材内容进行删减。有责任心的教师在删减教材时持谨慎态度，从知识、技能、文化意识、情感态度等多个角度考虑删掉某些内容对学生会有什么影响。

全身心投入的教师把时间和精力奉献给所有学生，而不只是某些学生。全身心投入的教师为自己的信念和高质量的教育进行不懈的奋斗。他们"经常审视自己的假设（assumption）和信念（belief）以及自己行为的结果，并且以能够学会新东西的姿态面对各种情形"。就英语教师而言，每个人在教学中都有一些信念和假设。如果对某个观点的正确性坚信不疑，那就是信念；如果认为某观点正确但不能证明，那就是假设。我们的信念和假设指导着我们的行为，受错误信念和假设指导的行为会给学生带来不利的结果，因此，审视并修正自己的信念和假设对教师来讲是十分必要的。

反思型教师除了具有以上三种态度特征之外，还表现出行为上的特征。Bailey 等人根据 Zeichner 和 Liston 的观点，认为反思型教师具有以下 5 种表现：

（1）审视、制订计划并试图解决课堂实践中的困境；（2）意识到他/她带入教学的假设和价值观并对它们进行质疑；（3）注意他/她所工作的学校环境和文化环境；（4）参加课程开发，为学校的改变付出努力；（5）为个人的专业发展负责。

巴特莱特主张反思型教师要具有批评性特征，教师要做批评性反思型教师（critically reflective teacher）。所谓"批评性"是指，作为教师我们要超越教学的技术理由，思考教学时要超越改进教学技巧的需要。这就是说，我们要从"怎样"的问题转向"什么"和"为什么"的问题。"怎样"有着有限的实用价值；"什么"和"为什么"不把教学和管理技巧本身看作目的，而是看作更广的教育目的的一部分。因此，我们需要把教学置于更广泛的文化和社会背景之下。

问"什么"和"为什么"的问题使我们对教学拥有某种权利。我们可以声称，我们在工作中的自主和责任程度是由我们对自己行为的控制程度决定的。在反思"什么"和"为什么"的问题时，我们开始实施控制，展现改变日常课堂生活的可能性。Bartlett 把这种控制过程称作批评性反思教学。

三、反思性教学的过程

巴特莱特把反思型教学的过程描绘为一个循环的过程，其中包含五个要素，也可称作五个阶段。

描绘（mapping）指观察自己的教学和收集自己教学的信息。这可以通过录音或录像进行，但最好的手段是写。教学日志就是教师培训中运用的一种记录教学实践的工具。在教学日志中，我们可以描绘和记录常规课堂行为和有意识的教学行为、与学生的会话、一堂课里的关键事件、作为教师的个人生活、自己的教学信念、我们认为影响我们教学的课堂之外的事件、我们本人的语言教学观和学习观。在观察和收集信息阶段，描述我们自己所采用的语言教学方法非常重要。巴特莱特特别指出，为反思而写的教学记录要关注那些可以解决的"小"问题；另外，要在一堂课或一连串课之后立即记录。

明了（informing）是指在描绘教学情况的基础上，我们发现所描绘的事情背后的含义（meaning）。在这个阶段，我们再次翻看原来的记录，添加新的内容，发现其中含义。在一堂课或一连串课之后，我们自己或通过与其他人讨论理解了教学的含义，有可能区分教学常规和有意识的教学行动，揭示它们背后的原则。在反思性教学这个阶段，我们开始寻找支持我们教学的原则，寻找我们教学的理论基础，我们发现我们对自己有关教学的想当然的想法开始感到不太确定。我们所要寻求的不是正确的或最确定的解决问题的方法，而是通过有根据的选择寻找尽可能好的方法。

质疑（contesting）就是对我们的教学理念和理论进行质疑。有效的质疑方法就是与同事、学生、家长及其他相关人员进行交流，使他们了解我们对教学的理解和我们采用特定教学方式的理由。质疑我们的教学理念和理论意味着揭开我们假设的世界。随着我们教学经验的积累，我们对最好的教学方法形成了某些假设，对我们假设的世界进行质疑可能意味着摒弃我们有关教学的"无可置疑的"理念。在描绘和明了阶段，我们思考我们采用的教学理论。在质疑阶段，我们面对并可能开始摒弃指导我们教学行动的理论。

对教学实践进行质疑的结果就是寻求其他举措。评估（appraisal）是把思考与行动相联系的开端，评估是为了寻求与我们对教学的新理解相一致的教学方式。巴特莱特指出，一个简便的评估方式就是问这样的问题："如果我改变……那么给学生的学习将会带来什么后果？"所以，当我们确信新的举措有利于学生学习的时候，我们才可以实施。

行动（acting）就是把我们新的教学想法实施到教学实践中。这一要素与反思性教学过程的前几个要素是密切相关的。我们先描绘我们的行动、揭开这些行动背后的理论和假设、为这些理论进行批评性审视、评估其他可选择的举措，然后开始行动。通过这些步骤，我们重新安排我们的教学实践．

巴特莱特强调，这五个要素构成反思性教学的过程，但是这些要素不是线性或按照固定顺序排列的。也就是说，在反思教学的时候，教师可能要多次经过这个循环过程，一个要素不一定总是跟着前一个要素；在采取不同的行动举措的时候，某个要素还可能在循环过程中被省略掉。

由于教学反思与行动研究密切相关，所以在论述行动研究的时候，王蔷认为波拉德的教学反思过程实际上就是行动研究的过程。从这个教学反思过程图中我们可以看出，行动是重点。反思之后的计划和实施准备阶段都是为了更好地行动，行动（即实施新的教学方案）之后的收集数据和分析数据又都是为了对新方案实施的结果进行评价。

根据杜威的论述及巴特莱特的反思性教学过程要素图和波拉德的教学反思过程图，我们可以清楚地看到，反思性教学是一个不断循环的过程。反思型教师总是要观察自己的教学，并把课堂上发生的给自己留下深刻印象、引起自己的好奇心或值得思考的事情记录下来。可以采用的手段有录音、录像、写教学日志等。

记录的过程也是思考的过程，在记录的过程中一些问题会引起教师的特别关注。随着时间的推移和教学工作的继续进行，某个或某些问题会突显出来，使教师产生解决这些问题的强烈愿望。

接下来，教师需要审视自己的教学信念、假设和教学行为，清楚认识指导在认清自己教学行为背后的理念之后，尤其当发现它们是导致当前问题的根源之后，教师开始对自己的教学信念和假设进行质疑，找出它们的不合理成分。在质疑中，教师修正自己的信念和假设。修正信念和假设需要理论的支持，阅读相关文献，了解英语教学领域的最新研究成果，能够促进教师建立有理论依据的新的教学信念和假设。

下一个环节，教师制定新的教学方案。新的教学方案应试图解决日常教学中的小问题，要关注细节。例如：语法呈现阶段怎样平衡归纳法和演绎法可以更有效地满足不同认知风格学生的需要，从而使全体学生能够尽快地理解和应用语法知识。

教学方案制定之后需要进行评估，考量是否可行，还要充分考虑它的实施会给学生带来什么影响，产生什么结果。

如果教师确认教学方案合理可行，就可以开始行动，实施新的教学方案。由于教学过程中总会出现不可预料的情况，实施新教学方案的过程中还需要对方案及时进行调整。

新教学方案实施的效果如何需要进行评价。评价应以数据为依据，在反思性教学过程中，尤其在新教学方案实施一个阶段之后，教师要进行相关数据收集。数据收集的方法有多种，如录音、录像、问卷调查、访谈、测试等，根据不同需要和不同条件，可以有针对地选择。再通过分析数据对方案的实施进行评价，得出结论，使成果得以推广或供别人借鉴。然后，开始下一个反思性教学的循环，继续发现新问题解决新问题。如果发现该方案有缺陷，还可以在下一轮循环中加以改进。

以上反思性教学过程的八个环节只是一种大体的划分，每两个相邻的环节之间不一定有明显的界线，例如，教师可能在观察记录之后发现问题，也可能在观察记录的过程中就发现了问题；质疑也不一定发生在审视之后，在审视教学信念和行为的同时也可能产生质疑。另外，反思性教学过程还可以进一步细化成更多的环节。

教师专业发展有多种途径，但教师本人的自觉发展意识和行动起着决定的作用。反思性教学是教师更新教学理念、提高教学理论水平、发展教学技能、解决教学问题的主动行为，它能够促进教师个体专业化水平的不断提高。因此，教师应该培养自觉发展的意识，让教学反思成为一种职业习惯，通过反思性教学实现自己的专业发展。

第五章　高校英语教师专业自主发展

教师专业发展最终是教师本体的专业成长或提升，因此，建构专业发展指导体系，需要让教师专业发展的权利回归，让教师成为专业发展的主人，从自主和校本的角度进行建构，最大限度地保障教师的自主性。本章主要系统论述高校英语教师专业自主发展的相关知识。

第一节　高校英语教师专业自主发展概述

一、教师专业自主发展的相关概念

（一）教师专业自主的内涵

"自主"不仅是指个体主体性的弘扬，而且也是指个体在普遍规范之下的自我约束和自我反省。将"自主"与"教师专业"联系起来，即为教师专业自主。所谓教师专业自主，是指教师依靠专业智能，遵循专业法规和专业伦理，在教育教学实践及其专业发展等方面不受他人干涉，享有决策与行动的自由与自在。教师专业自主不仅包括个人专业自主，而且也包括群体专业自主，是这两个方面的辩证统一但无论是教师个人的专业自主，还是教师群体的专业自主，都不是无条件的绝对的自主，而应受社会基本规范和教师专业伦理的规约，教师专业自主是提高教师专业地位的关键之所在。专业人员独立地根据专业判断，自主确定行为的范式和策略，是判断专业标准的核心要素。当前社会发展对教师工作非常重视，但对教师专业自主的认同感并不高，因为教师是在统一大纲、统一教材以及统一考试和评价标准之下从事教育教学工作的。随着教师专业化进程的不断发展，人们已经日益认识到教师是一个专业要求很高的职业，教育教学的内容、情境、模式和方法是千变万化、日日常新的，因而应赋予教师更多的专业自主。但是，从教师专业生活的实际情境来看，教师专业自主的权利与空间仍然是相当有限的。因此，我们有必要重新审视这一困境背后所隐藏的内在影响机制，深刻揭示社会背景、高校制度文化、教育组织逻辑、教师工作特性，教师自身与其专业自主之间的必然的逻辑联系，从而能为教师专业自主提供卓有成效的变革之路）。

（二）教师专业自主发展的内涵

关于教师专业自主发展的内涵，存在着不同的认识和理解。

在国外，美国学者富兰和哈格显夫斯（Milanand Hargreaves）认为，教师专业自主发展是指教师在目标意识、教学技能、与同事的合作能力等诸方面的共同进步。格拉特霍恩（GnHhoun）认为，教师专业自主发展是教师随着经验的增加以及对教学系统的审视而获得的专业成长。

在我国，钟启泉认为，教师专业自主发展是指在自己的专业领域，教师运用其教育智慧，维持其专业品质免受外界干涉的状态。代慧玲认为，教师专业自主发展是"教师所具有的自我发展的意识和能力以及时于教师专业发展的自觉担当；教师专业自主发展是教师通过不断的学习、实践、反思、探索，使自己的教育教学能力、不断提高不断向更高层次发展的过程"。张典兵认为，教师专业自主发展"是指教师由于教育教学的需要或是为了追求自身价值，主动、自觉地设定专业发展目标、制定自身专业发展计划、拟定专业发展进程、不断提升自身专业素养的创造性实践活动"。廖肇银等认为，教师专业自主发展是"教师在自我专业发展意识和动力支配下，自觉承担专业发展责任，通过自主反思、自主专业结构剖析、自主专业发展设计和自主专业发展方向调控等实现专业发展的过程"。

中外研究者关于教师自主发展的定义在表达方式上有些差异，但其内涵是基本一致的。所谓教师专业自主发展，就是教师根据自己的专业要求，通过有计划地自主学习与教育教学实践，使自身的专业能力不断得到提升的过程。它表现为如下几方面的特征：第一，教师专业自主发展是一个有意识的过程，教师在自身的专业发展过程中，是对专业自我、专业角色，对学校、教育、学生的理解不断加深的过程；第二，教师专业自主发展是一个需要教师不断学习才得以完成的过程。教育是一个动态的领域，教师的专业发展也是一个动态的生成过程，这就需要教师自定计划，不断地学习；第三，教师的专业自主发展只能通过教师的教育教学实践才能实现。教育是一种实践，教育过程始终充满着可变性与复杂性，教师要在教育教学实践中不断反思，才能实现其旨业自主发展。

二、教师专业自主发展的特征

（一）主动性

自觉主动性是发展个体的主体地位和主体性的集中体现，与被动消极相对应，也是能动性的体现。教师的自主发展是一种自觉的、主动的发展状态，是基于教师的主观能动性的自我超越活动。自觉主动是一种发展的状态，这种状态形成教师的一种日常的生活样式"，但实质上是人性中能动性的表现。自主发展是执教生涯的最高境界。

（二）自由性

所谓自由，是指个体在认识活动和实践活动中能独立自主地发现问题和解决问题，它是人的主体性的核心，是人的内在本质特性之一。人类认识世界和改造世界的最终目标就是为了增强人的自由，而不是相反。主体之所以能够发挥其能动性和创造性，就在于它拥有着自由主体只有在能够支配自己的时候，才能够支配其他事物。不论任何主体，只有切实地感受到自己是活动的主人，只有感受到自己是一个自由的人，他才能产生活动的热情和能量，才能全身心地投入活动之中并关心活动的结果,也才能迸发出丰富的想象力、顽强的意志力和巨大的创造力。

作为一定社会中的个体,其最主要的生存领域是职业活动,因而人的自由的最主要也是最突出表现就是职业自由。高校教育教学工作是一项创造性极强的活动.要使教师的主体性在这项高创造性活动中得到充分发挥,并取得预期的创造性结果,教师就必须拥有高度的专业自由。教师的专业自由意味着,教师在教育教学实践过程中能独立思考,能做出自己的专业判断并不受非专业人员、教育行政管理人员乃至远离自己专业实践的同行的干扰和控制。教师的专业自由还意味着相对于其他职业者来说,教师对自己的教育教学情境最为熟悉和了解,因而在自己的教育教学实践中也最有发言权。

(三) 内在性

教师的自主发展需求和愿望是内在的,这种需求和愿望是根据自我意识,基于个人的人生价值与意义的追求愿望和目标而产生的,称为自我超越的意识,是自我超越的内在依据和动力。

(四) 自律性

人不仅是一种情感的动物,而且更是一种理性的动物,是理性和非理性兼有的存在物。理性是人冷静、理智地认识和实践的行为方式;非理性则是指人的感性认识及非逻辑的认识形式,它不仅包括直觉、灵感、顿悟和潜意识,而且也包括人的生命欲望、情感和意志。非理性源于人的生命的本能欲望和冲动,它不仅存在积极的一面,而且也难免存在一定的盲目性和冲动性。理性的人必然是自律的个体,它意味着人对客观存在及其本质规律的认识、尊重和遵循,意味着人能够用理性统领非理性。所谓自律,就是人能够用理性引导、说服和控制自己非理性中的消极成分,如果人不能用理性对非理性进行引导、说服、规范和控制,非理性就可能会支配人的行动并可能造成不良的行为后果。

教师的教育教学从本质上而言，是一种培养人的社会实践活动，其行动过程必须符合社会发展的要求，必须尊重学生身心发展的特点规律，必须遵循高校教育教学工作的客观规律。由此可见，教师的专业自主一定不能离开教师的自律，它要求教师要时刻注意对自己消极的非理性行为进行有效的调控，始终使自己在理性的指导和支配下进行自由的教育教学实践活动。

（五）个体性

教师自主发展的内容具有个体性，即发展的是个体的内在潜能，不是为了达到外在的标准，而是为了发展个体内在的潜能，即具有个性特点的兴趣、爱好和才能。这里的个体性并非排斥社会性。我们已经看到自主发展型教师是在最大可能发挥个人潜能以在承担和履行个人作为知识人的社会使命方面达到最优化的人。因此，他们的自主发展是个性与社会性和谐发展意义上的。

（六）伦理性

教师的教育教学实践活动以培养人为最终旨归，教师的根本职责教师根据社会和时代发展的需要，通过自己力所能及的专业劳动，把正在成长中的青少年培养成为德、智、体、美、劳全面发展的有理想、有道德、有文化、有纪律的社会主义事业的建设者和接班人，使他们都能够成为社会主义的有用之才。

教师专业与其他专业的最大不同就在于其工作对象是人，是活生生的、有思想、有情感和主观能动性的个体，是正在迅速成长中的未成年人，他们思想单纯心灵稚嫩，他们渴望知识的获得.需要思想的启迪。正是基于这样的认识，教师的专业自主与其他职业相比更具有无与伦比的伦理价值和道德意义。教师在自己专业实践过程中，必须充分考虑自身专业对象的特殊性，考虑自身专业对象的"人"性，考虑到教育对象的可塑性和可教性，不能因为强调自己的专业自主，就压抑了学生的主体性和创造性，从而损害学生的人格尊严，危及学生的自由自主的健康成长。

（七）创造性

教师的专业实践充满着极大的不确定性和情境性，它需要教师依靠自己的专业智能进行发现、研究和创造，并做出准确、精细和及时的专业判断。教师垃业自主的创造性特征，主要表现在教师并不按部就班地执行既定的操作程序，无论这种程序是来自自己的传统习惯，还是来自外在的事无巨细的规定。当然，任何一种专业都有其独特的本质及规律，都有着深厚的科学理论基础，都需要特殊的技能和能力支撑。因此，教师在专业自主中表现出来的创造性，必须建立在其渊博的专业知识和高超的专业能力的基础之上，建立在教师对自己的课堂教学、学科课程和教育对象的深入了解的基础之上。

三、教师专业自主发展的意义

（一）促进学生自主学习和成长

当代教育改革的最突出特征，就是要使学生由被动接受学习转变为主动的自主学习和探究学习。学生学习方式的转变必然要求教师做出相应的改变，教师要成为学生自主学习的引导者和促进者。自主学习中的学生离不开教师的积极参与，教师只有亲历过自主学习，才能在课程教学中真正实现学生的自主学习。

教师对学生自主学习的引导和促进作用主要表现在：一是引起学生注意和唤起学习者的学习需要；二是激活学习者学习所必需的先前经验；三是帮助学生确支能够达成的学习目标；四是引导学生创设和谐的学习氛围；五是密切联系学生的生活世界；六是激励学生完成富有挑战性的学习任务；七是帮助学生发现知识的个人价值和意义；八是及时进行反馈和塑造沟通的桥梁；九是教师的教学方式要服务于学生的学习方式。而上述这些引导和促进作用的达成和实现，最根本上要依赖教师的专业自主。

（二）促进教师的主动性和创造性

在教师的生活世界中，最具特性和价值的就是其专业自主发展。教师的专业自主发展能有效地促进教师的主动性和创造性，提升教师的教育智慧和生存状态。当然，这一能够实现的前提条件是让教师的职业真正融入其生活之中，使教师的专业自主发展和自己的生活世界融为一体。为此，首先要注意把课堂教学作为自己职业生活的一个部分。课堂教学是教师和学生共有的人生中最重要的生命经历，是他们个体生命意义的构成部分。正如有学者所认为的："对于教师而言，课堂教学是其职业生活最基本的构成，它的质量直接影响教师对职业的感受与态度、专业水平的发展和生命价值的体现课堂教学的创造性，直接影响到教师对生活的创造性。教师可以从作为生活一部分的课堂教学的创造中，获得生活的乐趣。其次教师作为自身专业发展的主人，还要把专业发展融入日常生活之中，在日常的专业生活中实行自我学习、自我教育和自我创造，从而不断促进自身的专业发展。其实，若从本质上来看，教师的教育与生活就是紧密地融为一体的，"教育即生活"，"生活即教育"。由于教育与人的生活世界重合，由教育者、受教育者和教育影响所构成的环路不再是一个封闭的结构，而是时刻保持对生活世界的开放性，一方面不断接受生活世界对教育可能发生的影响和对教育的需求；另一方面又不断丰富生活世界的内涵，把人引向世界的交流，拓展人的生活世界的空间，引导人积极理解人与世界的关系，在此关系的敞开中敞亮生活的真理，获得生活的智慧。由此可见，教师专业自主发展关涉到教师的生活智慧和生命质量的提升。

第二节　高校英语教师专业自主发展的影响因素

一、内在

自主发展要求教师必须有内在的自主发展和自我提高的心理需要（指向发展的成就动机），以及能实现自主发展的身心支持性素质。教师内在的成就动机取决于教师的职业价值取向、价值观念、伦理与人格方面素质。身心支持性素质主要表现为优秀的智能结构和情感智慧，其核心是教师的"自觉"和"自立"，具体表现为专业发展的自主意识和自主能力，即教师能自觉对自己的专业发展负责，自觉对过去、现在的状态进行反思，对未来的发展水平、方向、程度做出规划，能自主遵循自己专业发展的目标、计划、途径，并付诸实践成为自身专业发展的主人。通过自我监控，教师能提高自己的活动水平和层次，不断促进自身的学习和发展、个人成才和工作的精神，以及职业理想和信念同样是教师自主发展的内在动力，而自我效能感则是促进教师自主发展的内在原动力。

二、外在因素

教师的自主发展还需要有良好的外部条件作支持。

（1）社会大环境。社会对学校和教师的期望以多种方式影响教师的学习和自我发展。如果教师的知识、技能受到社会的高度评价和尊重，则会激发教师努力学习，发展自我并改善教学，促进自身的学习与发展。

（2）学校组织。学校作为教育环境，影响着学生的成长，也直接影响着教师的学习和自主发展。学校对教师学习和发展的影响主要通过组织目标、校园文化、人际关系等方面来实现，能影响到教师的精神面貌、学习风气、职业情绪及自我发展目标的制定等。

（3）家庭。家庭是影响教师学习和发展的重要的个人环境因素。家庭成员对教师职业的态度，对教师自主学习和发展的态度，教师的家庭情况，诸如配偶的选择及夫妻关系、孩子的出世及亲子关系、家庭的经济状况和其他家庭成员的健康及福利状况等都会对教师的职业行为和教师自身的发展产生影响。

（4）机遇。机遇在教师的发展方面也发挥着一定的作用。据有关调查，多数教师认为机遇仅次于自身素质，有时机遇与自身素质同等重要。

第三节 英语教师专业自主发展的结构与基础

一、教师专业自主发展的结构

（一）教师专业自主发展意识

从事任何一种职业，要想取得成功，首先必须有明确的职业发展目标和价值追求，有对自己专业发展的强烈愿望。教师职业发展的可能性就在于教师本身对自我发展的承诺。这表明专业发展的动力之源来自教师内在的主动意愿，即专业自主发展意识。所谓专业自主发展意识，就是教师能在日常的教育情境中觉察到真实的问题，认识到问题背后蕴藏的教育契机和资源，意识到自己所担负的职责，具有主动改善教育实践的意愿和能力。教师专业自主发展意识若按时间维度来划分，主要包括对过去专业自主发展历程的意识、对现在专业自主发展状态和水平的意识以及对未来专业自主发展规划的意识；若按内容维度来划分，则主要包括在专业精神、专业理念、专业知识和专业能力等方面的意识。

专业自主发展意识是教师顺利实现专业自主发展的前提和基础。专业自主发展意识强的教师，对自己的专业发展能始终保持一种自觉积极的状态，能增强专业发展的使命感和责任感，主动寻找一切可能的学习机会，及时评价和调整自己的专业发展行为方式，从而使自己的专业发展达到较为理想的境界。

（二）教师专业自主发展规划

教师的专业自主发展不是一种结果，而是一个不断由量变到质变、不断累积提升的过程，表现出明显的发展阶段性。专业自主发展规划就是教师对自己专业发展的各个阶段和各个方面进行长远的和总体的规划，它具体包括教师对专业目标和预期成就的设想、对未来学校与教师岗位的选择、对专业素养内容与目标的设计、对专业发展阶段的规划和拟采取的措施等。

教师在制订专业自主发展规划时，应注意考虑以下一些因素：第一，要正确认识自我，全面进行向我剖析，清楚知晓自己的知识与能力、兴趣与特长、思想与人格、优势与劣势；第二，重视环境分析，不仅要分析学校发展的小环境，而且要分析时代和社会发展的大环境，以把握专业自主发展的大方向，使自己的专业发展与学校、社会的实际和学生的需求结合起来；第三，确立目标并进行目标分析，要形成专业自主发展的愿景，清楚哪些是短期目标，哪些是长远规划，哪些是优先发展领域等；第四，科学拟定专业自主发展的路径与策略，精心设计行动方案。

（三）教师专业自主发展能力

教师专业自主发展能力包括一般能力和特殊能力两个方面：一般能力也就是我们常说的智力，如观察力、注意力、记忆力、思维能力和想象力等；特殊能力则是与教师教育教学实践联系密切的、特殊领域的能力，如语言表达能力、组织管理能力、课程开发能力、教育研究能力和学科教学能力等。专业发展自主能力是在教师专业活动中逐渐形成并得以发展的，它需要教师专业生活的长期累积，也是教师实现更高程度专业发展的基础。

（四）教师专业自主发展管理

教师专业自主发展既然是一个复杂的、长期的过程，为了使它能朝着预定的美好方向顺利运行，就必须进行科学有效的管理。这种管理既有来自学校管理者和其他老师的外在管理，也有来自教师本人专业发展的自我管理。教师专业自主发展需要外在的管理，但自我管理具有更大的价值。所谓自我管理，是指教师在自主规划基础上采取的自我保障措施，也就是为实现专业发展目标所进行的自我监督、自我评价和自我调控。自我监督能使教师的专业自主发展始终保持积极主动的状态；自我评价能使教师清楚自己专业自主发展过程中的经验与教训、优势与不足；自我调控能使教师的专业自主发展始终朝向正确的目标和理想的方向。

总之，自我管理能让教师认清自己面临的职业形势，意识到相应的职业危机，有助于提高教师的专业敏感性，增强专业发展的紧迫感和主动性，从而使教师不断挑战自我，并实现自我超越。

（五）教师专业自主发展更新

专业自主发展是教师在其专业领域内不断提升与完善教育观念和教育行为、不断走向专业化的过程。这个过程一刻也离不开教师的专业自主发展更新。

专业自主发展更新是指教师专业发展动力不再受外部评价或职位升迁的牵制，而直接以专业发展为指向。教师完全能够自觉依照其专业发展的基本路线和自己当前的发展状况，有意识地进行自我谋划，寻求最大程度的自主发展。这种自主发展已经形成教师日常专业生活不可分割的一部分，成为教师的专业生活方式和生存方式，并能经常保持专业发展的"自我更新"取向。这时，教师的专业发展不再单纯指向专业结构的改善和提升，而变成一种自觉的意识，自信与从容已成为教师的突出特征。专业自主发展更新使教师不再把教学看成是传授学生知识的过程，而是帮助学生去理解和建构"意义"的过程，是在师生的对话和互动中体悟生存的价值和生命的意义的过程。

二、教师专业自主发展的基础

（一）教师专业自主的知识基础

在长期的教育教学实践中，我们特别强调知识的客观性、普遍性和绝对性，正是由于这些特征的存在，往往使得教师仅仅成为公共知识的传输者，其自身的专业自主也因之被削弱、被掩盖和被抑制。英国学者波兰尼的"个人知识"理论、意大利学者康内利的"个人化实践知识"的提出，使得知识范式的认识性特征发生了根本性转变，教师得以脱离传统公共知识的束缚，从而为教师专业自主的存在奠定了坚实的知识基础。

教师的专业知识结构主要包括本体性知识、条件性知识和实践性知识。但有关"教什么"的本体性知识和有关"怎么教"的条件性知识，并不一定能保证教育教学实践活动的有效展开。由此可见，教师个人实践性知识的存在和其蕴含的巨大价值，成为教师专业自主的基本诉求。

（二）教师专业自主的伦理基础

教师的伦理德性是教师担当教育教学角色所应有的重要品质，也是在履行教育教学责任和义务的过程中所体现出来的核心道德力量。教师伦理德性的主要包括教师的善、教师的公正和教师的责任感等三个方面。教师的专业性首先是以专业伦理道德要求为基础的，一个有德性的教师也意味着他具有了教学自由和专业自主。教师专业自主并不是教师的主观放纵和任意行为，而是对教学的自主判断和自主选择，是基于既定的责任和自身义务的专业自主行为。而这种基于责任的教师专业自主行为，更需要得到教师伦理德性的根本保证。

（三）教师专业自主的环境基础

教师专业自主的存在及其作用的充分发挥，需要具有适当的现实环境。但是，从教育教学实践来看，我国教师专业自主长期被统一的、官僚化的教育管理体制所掩盖和限制。在实际教育教学中步履维艰，教师专业自主权的可归尚缺乏现实环境的重要支撑。高等教育体制的改革、高等教育办学自主权的下移以及三级课程管理体制的建立，为教师广泛而自觉地参与高等教育改革和发展提供了越来越广阔的空间．

第四节 学习型组织理论在英语教师专业自主发展中的应用

一、学习型组织的内涵

"学习型组织"（learning organization）是当代组织理论的重要概念，是现代管理科学研究的核心问题之一。在这个领域中，研究者要解决的基本问题是（企业）组织如何适应竞争激烈、变幻莫测的时代环境，增强自身竞争力，以追求组织的生存与成功，延长组织寿命。因此，在传统组织模式和管理理念越来越不适应时代要求的情况下，以美国麻省理工学院教授彼得·圣吉（Peter Srnge）为代表的西方管理学者，吸收了东西方管理文化精髓，提出了建立以"五项修炼"为基础的学习型组织理论。

"五项修炼"在管理界亦称为建立学习型组织的"圣吉模型"。"五项修炼"是建立学习型组织的学习途径，也是基于人本理念的学习型组织的标准。"五项修炼"已成为建立学习型组织的五项技术，使得学习型组织演变成一种管理科学模式。"五项修炼"的具体内容为：自我超越（Personal Mastery）、改善心智模式（Improving Mental Models）建立，共同愿景（Building Shared Vision）、团队学习（Team Learning）、系统思考（Systems Thinking）。五项修炼是一个内在关联的整体。"系统思考"需要有"建立共同愿景""改善心智模式""团队学习""自我超越"四项修炼来发挥它的潜力。"建立共同愿景"在于培养成员对团体的长期承诺的坚持。"改善心智模式"在于以开放的方式,反思认知方面的缺点失误。"团队学习"是发挥团体力量,使团体力量超乎个人力量的总和。而"自我超越"则是不断反思个人对周围的影响。因此,我们在运作学习型组织时要采取全方位建设的态度,这样才能真正发挥学习型组织深厚的潜力。

综上所述,学习型组织是一个不断创新、进步的组织。组织的成员发挥其能力创造其渴望的结果,培养新的思想形式,塑造集体氛围。学习型组织的真谛是让每个置身其中的人都活出生命的意义。目前,学习型组织理论的影响也已经超越了管理学界,辐射到社会的方方面面,各种学习型组织形式竞相出现,如"学习型社会""学习型城市""学习型社区"等。这是因为学习型组织理论本身就是关注每个人如何发展的理论。

二、建立英语教师专业自主发展学习型组织的策略

学习型组织的建立没有统一固定的模式。学习型组织活动本身就是一个不断学习、不断变革的过程。由于各种组织原有的初始条件不同,所以,具体选择的创建方案也就不一样。因此,我们以下所提出的创建措施与步骤,只能是一个参考模型。

(一)对组织学习的现状进行评价

学习型组织是在变革旧组织的过程中建立起来的。创建英语教师专业发展的学习型组织,必须首先评估已有教研组或学习小组的学习情况,从而为创建学校学习型组织活动提供基础)评估组织学习的内容主要包括下列组织学习情况:

(1)组织有没有做到鼓舞教师彼此分享学习成果;

(2)组织有没有解决教学中存在的实际问题的计划;

(3)组织中,教师学习状态是"要我学习"还是"我要学习";

(4)教师头脑中有没有组织愿景,能否主动适应愿景需要;

(5)有没有鼓励教师的组织措施并为教师提供学习资源和条件,促使

教师实现自我导向的学习。

以上五个方面是具体诊断一个组织学习情况的标准。根据这些现实情况，学校领导者才能有的放矢地开展学习型组织的创建活动。

（二）注重学习型学校的建立

建立"学习型学校"（learning schcol）是各种教师学习型组织得以形成的必要的外部条件。因为只有在学习型学校里，学校教职员工才能持续不断地学习，才能运用系统思考从事各种不同的教学研究，才能增强教职员工个人的知识和经验，改变整个学校的组织行为，强化学校组织变革和创新的能力。教师专业发展才能在真正意义上得以切实落实。学校组织变革和创新的能力愈强，教师专业发展的意识以及速度更快，反之亦然。学校和教师这种互托互动的关系形成一股强大的合力，以适应变化迅速的现代社会的要求。

在培育学习型教师团队建立学习型学校时，要树立以下三个方面的目标。

（1）培养英语教师"终身学习"的习惯。这样才能形成组织良好的学习气氛，促使其成员在工作中不断学习。

（2）"全员学习"，学校组织的领导层、管理层、教师层都要全心投入学习，尤其是学校领导层，他们是决定学校发展方向和命运的重要阶层，因而更需要学习。

（3）全程学习，学习必须贯彻于学校组织系统运行的整个过程之中。不要把学习与各层工作分割开，应边学习边准备、边学习边计划、边学习边推行。学习主要是一个改进、改革原有工作规程、制度、教学模式的积极变革过程，不单是一个知识积累过程，所以，只有工作与学习结合，与变革活动结合，学习和工作才能相互促进。

（三）重视激励团队学习机制的建立

团队学习不但重视个人学习和个人智力的开发，更强调组织成员的合作学习和群体智力（组织智力）的开发。在学习型组织中，团队是最基本的学习单位，团队本身应理解为彼此需要他人配合。组织的所有目标都是直接或间接地通过团队的努力来达到的。

教师之间的团队学习方式很多。一种为草根式的（grass moled）、学校本位式的在职进修（school-basedin-serviceeducation）方式。例如，成员针对特定主题书写一篇短文，相互评论，指出优缺点及其启示；成员针对教育时势，共同讨论，达成共识；成员共同阅读一个报道、一篇论文或一本书，并与自己的教学实际联系起来讨论；同伴教学，就一篇论文、文章或一种新的教育理念，由一位学习者教导其他同伴，然后共同讨论。

另一种团队学习方式为"同伴教练"，我们对该模式的步骤以及功能做一个简单介绍。"同伴教练"（peercoaching）的理念和形式由约翰斯（Johns）和史沃斯（Swarth）提出，它是一种适合学校组织的团队学习。他们认为"同伴教练"是一种教师同伴工作在一起，形成伙伴关系，通过共同阅读与讨论、示范教学，特别是有系统的观摩教学与反馈等方式，来彼此学习新的教学模式或者改进既有教学策略，进而提升学生学习成效、达成教学目标的过程。"同伴教练"模式包含下列四个连续的步骤：研习、示范教学、指导式练习和反馈、独立练习和反馈。

总而言之，学习型组织通过各种措施来保持组织、团队学习的能力，及时铲除发展道路上的障碍，不断突破组织成长的极限，从而保持持续发展的态势。

（四）发展共同愿景及鼓励自我超越

在建立激励英语教师团队学习的制度基础上，学校各级领导应该注重的是学习型组织的共同愿景的建立和发展。通过学习，使共同愿景时学时新。需要强调的是学校组织或教研组、教师学习小组的愿景不是领导人制定的，而是由这些组织的成员群策群力制定的，是通过组织和团队学习由大家描绘出来的发展愿景，它一经产生就成为组织成员共同努力的方向与目标。

组织整体学习的愿望与能力是基于组织个别成员自我超越的学习意愿和

能力。教师自我超越的前提是必须学会"自主管理",它是教师能边工作边学习并使工作和学习紧密结合的一种方法。通过自主管理,可由组织成员自己在教学工作中发现问题、选择教师伙伴组成团队、选定教学改革和进取的目标,由自己去进行教学等现状调查、分析原因、制定政策、组织实施、检查效果,并自己做出评定总结。团队成员在"自主管理"的过程中,必须通过组织学习,形成共同愿景,并能以开放求实的心态互相切磋,不断相互学习专业教学新知识、新经验、新信息,并把它们融入自己的教学改革中来进行不断创新,所以,对于学习型组织,要设计出鼓励教师不断成长的个人专业发展的生涯设计,向个人通过鼓励实现心灵深处渴望的自我超越目标,来达到为自己的最高专业发展理想而活着的生命境界。

近年来,英语教师专业发展研究领域中开展的反思性教学研究,体现了学习型组织自主管理的思想。反思性教学的本质就体现在教师总是处在发展的过程之中。在现实生活中,人们可以发现,一些教师从多年实践经验中形成对自己工作方式的坚定信念,他们往往固守成规拒绝变化,对反思性教学采取比较冷漠的态度,有着自御性和自闭性的特点,而恰恰他们是最需要对自己的经历进行批判反思的人。真正坦诚地承认自己具有犯错误的可能性,说明教师永远把自己作为学习者,总是处在自我塑造的动态过程之中。这种对自己采取不断批判和反思的态度,是对生活和自己专业发展及成长表示有信心和有力量的标志。教师只有对自己的教学行为进行批判性的反思,才能不至于在充满复杂性、不确定性、矛盾甚至有时混乱的教学中迷失自己的方向,才能意识到教学生活并不是完全超乎于自己控制之外的事情,意识到在课堂中自己所拥有的主体性地位和掌握自我发展和价值命运的能力。批判性反思是衔接教师以往经历、教师的现在和未来这一专业发展谱系的关键环节,未来的学生、教学目的、教学行为等要求教师不断检查自己的假定,不断重新思考那些在教学中起作用的因素以及这些因素为什么起作用。因此,教师通过反思在不断改变自我组织结构的同时,教师也在改变着学生,教师也在改变着与师生息息相关的周围世界。

鼓励教师自我超越与发展共同愿景并不矛盾，两者是同一个事物的两个互补方面。教师自我超越是在组织学习的条件下进行的，也只有在组织学习的条件下，教师自我超越才是有效和持续的。共同愿景是在每一个自我超越的教师共同努力下产生的，如果没有自我超越性的教师，有远见的共同愿景也不可能制定出来。因此，自我超越与共同心愿是学习型组织并行不悖的两个重要支柱。

英语教师彼此之间的相互学习是教师专业发展的最大资源。虽然学习型组织并不排斥外部资源的引进，但是，它的立足点主要是学习型组织内部资源的充分挖掘。因此，组织资源具有产生机会的不确定性、产生条件的相互作用性。倘若领导者能善加运用这种资源，善于创设相互作用的条件，确定最佳的时机，组织学习资源往往大于外部资源简单引进的效能，大于静态理解中教师个人资源的总和。利用好这种创生性的组织资源，可以大大提升组织效能，从而增加组织快速应变、创造未来的能量。

为此，高校英语教师专业发展的学习型组织，可先由英语教师进行自我评价，使之深入反思他本人的各项能力与专长。再通过学习小组的资源目录，帮助教师了解彼此的才能，为此达到相互学习共同成长的目的，开展各种创新活动（头脑风暴法、集体深度会谈等）做好准备。

（五）注重英语教师系统思考能力的培养

系统思考是圣吉学习型组织的精华所在，它强调的是如何认识事物的复杂性并用系统思考的方式把握事物的复杂性。人对问题的解决办法可分为三个层次：

第一层次是最浅显的事件层次，人们关注的仅是事件本身，并不深究事件背后的原因。对问题采取的对策是就事论事的反应式对策。第二层次是较深的行为变化形态层次。这个层次上的人们会根据行为变化形态探索和研究事件的趋势能做出一定的预期评估，开始重视对事件原因的探究。虽然比第一层进了一步,纠正了对事件短期反应的局限,在一段时间里能把握和顺应变动趋势,但终未能达到把握行为变化结构的本质从而驾驭全局的能力。第三层次是最高的"系统结构层次",它能系统何答很多行为变化形态是由系统的深层结构所决定的原因,能准确理清系统结构支配行为的本质。

系统思考是处理组织学习中复杂问题的工具。系统思考要求把教学活动看成是一个由教师、学生和教学的其他要素构成的复杂系统,其普遍的特征是:教学中出现的困难,大部分是由教学内部结构引起,也可能恰恰是教师解决当前困难的各种努力本身引起的,因为这些努力可能是解决局部困难而不是全局困难的办法,甚至会成为新问题的根源,而教师又常常不能正确认识那些已知的局部活动之间复杂的相互作用将会产生怎样的整体组织行为。这样,系统思考就成为解决这些问题的钥匙。

培养系统思考就是要求英语教师学会运用系统的观点,熟练掌握和运用系统的观点和具体的方法,分析和把握自己英语教学和学生的英语能力和心理的发展,分析和把握课堂教学方案的设计、分析和解决学生英语学习存在的问题,指导自己专业发展与学习型组织内其他教师的发展关系,注意各种关系的整体搭配,以发挥整体效益。

(六) 领导者的新角色

把学校建成学习型组织的学校,学校领导者具有重要作用。按照学习型组织理论,学习型组织中的领导应该具有不同于一般组织领导的特点。具体表现在:第一,他们具有深深的奉献精神,明晰的想法和说服力,具有不断学习和开放的态度。第二,他们胸中没有既定答案,但是他们确实能够对自己周围人逐渐注入一种信心。第三,他们一生不断努力于培养系统思考和人际沟通的技能,反思个人的价值观及调整个人的行为,学习如何倾听和理解他人,不断将系统思考、自我超越、心智模式、建立共同愿景和团体学习融汇在一起)精熟这几个修炼的人,将是学习型组织自然的领导者。

在学习型组织内，领导者的角色与传统组织中的领导者不同，他们是设计师、仆人和教师。所谓领导者是设计师，是指设计组织的政策、策略和系统；设计学习型组织各个组成部分能够互相搭配，发挥整体的功能。所以，在学习型组织里，领导者的设计工作也是整合各种关系的工作。学习型组织设计的首要工作是设计基本理念，即我们进行所有组织活动时所依据的愿景、核心价值观和最终目的。学校领导者的工作基本上是设计组织学习过程，也就是阐明组织存在的意义，最终目标及理由、如何达到最终目标。

所谓领导者是仆人和教师，是指领导者应积极帮助组织成员成长。好领导就是好教师，他首先必须学会忠于真相，协助人们对于真实情况能有正确、更深入的看法，把真实情况当成一种创造的媒介。只有认清现状，才能增加人们的愿景与现况的差距以产生创造性张力，推动人们不断学习和创新。其次，必须引导人们从被动反应转变到主动创造，不断帮助人们看清组织的更大的愿景；再次，教会下属如何促进每一个人学习，引导组织成员学会学习。

第五节　英语教师专业自主发展的实现策略

一、加强教育理论知识的建构

教师的专业发展是由准教师到新手，再到能干型教师，最后到专家型教师这样一个渐进的过程。在这一过程中，建构学科知识特别是教育理论知识是至关重要的，而读书恰恰是教师建构教育理论知识最有效的途径。教育教学改革首先是教师教育教学理念的变化。教育理论知识是生成教师教育理念的理论源泉，教师教育理念的生成过程是教师通过读书学习活动对社会倡导的教育理论解读、内化的过程。教师教育理论知识建构取决于以下方面。

第一，取决于这些教育教学理论能否有效地指导教师的教育教学实践。

苏霍姆林斯基说得好：教育科学只有当它去研究和解决那些最细微、最复杂的教育现象相互依赖和相互制约的关系的时候，才会成为一门确定性的科学和真正的科学。目前，教师在专业门主发展过程遇到的尴尬的局面是：他们在大学里学习的教育学知识派不上用场造成这种尴尬局面的主要原因是教师的学科知识与教育学知识没有实现有效的整合教师只有通过读书学习活动，才能实现两种知识的有效整合。

第二，取决于这些教育理论的学习能否给教师带来现实的利益。理论向成果的转化需要一个较长的周期。目前，在"分数"崇拜的环境下，教师对教育教学理论的学习未必能立竿见影地给他们带来现实的利益——学生分数的提高，这可能是当下一些教师忽视教育理论学习的重要原因。

二、提升学历水平和积极进行职业培训

首先，英语教师要积极深造学习提升学历层次，不断充实自身的知识积累和文化素养。

其次，利用多种渠道进行有效的在职培训。采取国内国外相结合、长期短期相结合的方式，利用各种进修培训机会提高实践教学水平和从事科研的能力包括各地举办的教改教材研讨会，国家留学基金委项目申请，国内访问学者，国内外的教师培训计划并充分利用现代远程教育网络。

最后，在英语教师中选拔骨干组建科学高效的教学团队，教师间竞争与合作和谐共存，互相促进实现共同发展，形成教师发展的良性环境。

三、培养教师的行动反思能力

培养教师的行动反思能力，首先应拓宽实践教学的渠道，使教师沉浸在教育实践情境之中。在真实的教育实践情境中，教师能够与学生的真实言行相接触，能够对现场产生困惑与惊奇，并通过现场试验来回应困惑，问应学生的言行。通过教育见习、实习、现场教学等实践环节，教师（或师范生）

才能时刻关注学生在学习时所遭遇的惊讶之事,并对学生的言行感兴趣;通过教育见习、实习、现场教学等实践环节,教师(或师范生)才能亲身体悟教育问题的复杂性与多变性,不断增强自身体察教育问题与解决教育问题的能力;通过教育见习、实习、现场教学等实践环节,教师(或师范生)才能帮助学生将对问题的自发性理解与学校的权威性之事联系起来,更加科学地解决问题。

行动反思不仅包括行动中的反思,还包括对行动的理智之思。教师的行动反思能力培养,养成撰写教育日志的习惯是很有价值的方法。通过教育日志,能够对自己思想、感觉、自己或他人教育教学行为、教育现象、教育问题等进行及时反思与批判,这是对自我"前见"的反思与批判途径,是教师理解走向神话的过程。教育日志是为自己而写,不是为了迎合功利性的学术需求,教育日志的写作是教师与自己的思想、信念、感觉进行交流的安全途径。通过教育日志的写作,教师能够检视自身"前见"与"前理解"的合法性,促进其专业实践性知识的有效生成。实践性知识的建构涉及整个脑部的运作,既包括右半球视觉、直觉与抽象能力,也包括左半球的语言能力与分析能力。通过教育日志这种自我反思的表达方式,对于脑功能的充分发挥具有重要价值。

四、培养教学和科研并重的双能力

高校英语教师要在教学实践中不断提升业务水平,用现代教育理念武装自己,科学利用现代教育技术,优化课堂教学模式,创新教学方法,改革教学内容,适应人才培养的要求,培养学生的创新意识和潜能。在教学相长中提高自己的科研能力。创新教育教学方法,促进科研与教学互动并及时把科研成果转化为教学内容。

五、注重案例研究

教师在教育教学过程中所面临的往往是具体的和情境性的问题,这些问题通常还带有复杂性和不确定性的典型特征。教师仅有理论知识难以对这类问题做出合理的判断和决策,那么,如何才能弥补教育理论知识的不足呢?参考其他专业领域成功地进行理论与实践相结合的学习方式,教育案例研究逐渐走进教师的教育教学活动,并成为促进教师专业成长的重要方法。教育案例研究主要是指对一个真实的教育教学活动情境的描述,其中含有明显教育教学疑难问题及矛盾冲突,也包括解决这些问题的方法和策略。教育案例研究一般由三部分构成:一是教育案例背景,包括间接背景和直接背景;二是教育案例事件,包括教育教学事件如何发生,问题表现是什么,真实原因何在;三是对教育案例事件的反思,包括问题解决中存在的利弊得失,由现们那些新问题,如何进一步解决、收获和启示等。教育案例研究不仅为教师之间分享经验、加强沟通提供了一种有效方式,而且能促进教师对自身教育理念和教育教学行为的深度反思,因而成为教师专业自主发展的重要路径。

六、利用反思性教学与自我评估推动教师的自主发展

实现教师的自主发展必须让教学反思成为一种自觉。高校英语教师把自主发展与教学实践紧密结合,强调在教学相长和反思教学中实现教师的自主发展,教师通过主动参与、不停探究和不断反思,实现教师专业素质的持续发展和个性的全面提升。通过探究问题解决问题达到更新教学理念提高教学质量的目的。通过定期反思不断自我调整自我构建从而促进自主发展。另外,高校英语教师的自主发展呈现阶段性的特点和需求,在不同发展阶段的需求是不同的,因此也应该采用与之相适应的不同阶段的自主发展策略和途径,才能满足自己的发展需求并实现可持续发展。刚入职的新教师(即助教阶段)最重要的是进行中长期发展规划,建立专业发展意识,利用可利用的培训机

会积累过硬的专业技能；拥有5年以上教龄的教师（即讲师阶段），正处在自主发展的黄金时期，具有较清晰的个体发展需求，应逐步走上专业自主发展的轨道。最后，已进入职业发展成熟阶段的教师（即副教授以上阶段）应更多关注自主发展意识和规划的及时更新明确主要发展目标，利用系统有效的研究方法进行研究成为研究型教师。

第六章 大数据驱动下高校英语教师的专业发展

目前，大学英语教师专业发展问题是信息时代学者们关注的重点话题之一。基于大数据背景，大学英语教师需要通过多种途径来提升自身的教学能力。换言之，在大数据时代背景下，大学英语教师的专业发展备受瞩目。为此，本章就针对大数据驱动下大学英语教师的专业发展进行分析。

第一节 大数据驱动下大学英语教师的角色与素质

大数据影响下的大学英语教学作为一种新兴的教学方式，有效促进了课堂教学效果的提高和教学目标的达成，实现了个性化学习，并对教师提出了新的要求，促进了教师角色的转变。具体而言，在大数据影响下的大学英语教学中，大学英语教师的角色发生了显著的变化。大数据影响下的大学英语教师角色让课堂更为有效、生动，教师发挥了更多的引导和协助工作，学生提供了个性化学习感受和多样化学习方式，对英语课堂的顺利实施有着显著的促进作用。

说到角色，一般人会觉得其与身份、地位有关，认为角色是对人们身份、地位的诠释。在当今社会，教师扮演着十分重要的角色，他们以各种方式调动与引导学生参与活动，并引导学生在自己设定的环境中展开探索。本节首先分析大学英语教师的传统角色，进而探究大学英语教师角色的转型。

一、大数据驱动下大学英语教师的角色

（一）大学英语教师的传统角色

在传统的大学英语课程教学中，教师扮演了两种重要的角色：一是知识的复制者；二是知识的传授者。

1. 知识的复制者

在传统的大学英语课程教学中，教师的工作就是将知识原封不动地传授给学生；在传统的大学英语教师的眼中，书本知识就是金科玉律，教参就是真理，因此教师往往将书本知识视作教授学生的来源，并且根据书本来设计教案。对教师教学好坏进行评价主要看教师能否把书本知识传达到位、准确。显然，基于这样的观念，大多数教师从书本内容出发展开教学，教师很自然地就成了英语课本的复制者。

在传统的大学英语课程教学中，学校往往为教师配备了一整套教材、教辅等，并且为教师设计了教材上要求的每一堂课的活动，甚至对教师说的话都进行了明确的规定。教师如同批量生产的工人一般，千篇一律地展开教学，将大纲内容复制给学生。但在新环境下，教学过程被看作师生互动的过程。就建构主义学派的观点来说，这一过程是师生对客观事物的意义加以构建的过程，并且是合作性的构建，并不是单纯地对客观知识加以传递。

在大学英语课程教学中，教材、教参等是重要的资源，师生需要对这些资源进行开发，尤其对教师来说，他们需要对这些资源加以分割与整合，之后通过与学生的互动，将固有内容转化成丰富的、可供学生理解与接受的知识。之所以将教材静态的知识转换成动态的资源，将课堂上单一的知识转变成生动的课堂，最终目的都在于帮助学生获得知识。就这一角度而言，学生固然是知识的构建者与参与者，而教师更应该将自己置身开放的环境中，成为资源的积极构建者。这也就是说，教师的角色应该发生改变。

2. 知识的传授者

传统的教育观依然在教师的心中存在，这与现代的信息环境有着较大差距。在大数据环境下，很多教师的理念中仍旧存在"教书匠"的意识，他们侧重以书本作为经验与教学方式，采用灌输的手段进行教学。一些教师将学生看作被动接受知识的容器，认为教材是学生获取知识的对象，教师是将这些知识灌输给学生的人。显然，教师充当了一个"传话筒"的角色，学生是接收器，将教学简单地视作知识传递的过程。这种对知识过于重视而忽视具体能力的教学方法，势必会造成教学过程的重复、单一，也会制约教师的创新意识与研究精神，让教师的教学思想与观念更加保守、陈旧。

在新形势下，大数据迅猛发展，教师在技术、知识上所具备的权威性受到极大挑战。在新环境下，大学英语教师对于知识传授者的角色是否有新的理解？是否对教师新的角色进行重新定位？教师自身的教学手段、角色观念是否感到不适？教师如何转变自我并适应这一环境？这些问题都说明，教师作为知识传授者的角色应该改变。

（二）大数据驱动下大学英语教师的角色定位

传统的大学英语教师所扮演的角色已经很难适应当今社会的需要。在这个多元化的社会，教育具有多样性，他们需要适应不同层次、不同族群人的需求。教师需要作为文化传承执行者的角色展现在人们的面前，他们通过间接的形式逐渐实现文化传递。只有具有多元文化教育观的教师，才能与多元文化社会教育相适应。也就是说，教师不再是知识的传授者与复制者这些简单的角色，而是被赋予了新的多样角色。下面就具体分析大学英语教师角色的转变。

1. 语言知识的诠释者

大学英语教师是英语语言知识的诠释者，他们在开展课程教学之前，首先必须具备渊博的知识。简单来说，大学英语教师需要对英语专业知识有系统的、全面的把握，并能够从这些知识中分析出语言现象。一般来说，英语教师需要掌握的专业知识包括理论知识、语境知识、实践知识等，这些知识中囊括了语音、词汇、语法、语篇、文化等知识，大学英语教师只有掌握了这些知识，他们才能解决学生学习中遇到的实际问题，帮助学生提升自我，实现更好的语言输出。

2.语言技能的传授者

当然除了英语知识外，大学英语教师还需要掌握语言技能，并且将这些技能传授给学生。在学生学习语言的过程中，掌握语言知识是基本条件，而最终目的是提升自身的语言技能。一般来说，语言技能包含听、说、读、写、译五项。就语言的发展规律而言，听、说居于重要地位，读、写、译。其次；但就外语教育的角度而言，读、写、译居于重要地位，听、说其次。这就说明大学英语课程教学的目标是让学生具备一定的读、写、译能力，而听、说能力是实现读、写、译能力的前提与基础。大学英语教师要想能够提高教学质量，熟练地驾驭英语这门课程，就必须掌握这五项技能，并且保证五项技能的有机结合，从而提升学生的语言综合技能。

3.课堂活动的组织者

无论是大学英语课程教学还是其他教学，课堂活动都是必不可少的一部分。在大学英语课程教学中，课堂教学是其重要的载体与媒介。大学英语教师要想提升自身的教学质量，必须要设计出合理的课堂活动，如辩论、对话、对话表演等，这些都是能够让学生参与其中的活动，让学生有真实的语言训练机会，提升自身的语言表达能力。在这之中，学生也会不断加深对英语语言知识与技能的印象，巩固自身的知识体系。

4.教学方法的探求者

大学英语教师在大学英语课程教学中不能仅使用一种教学方法，应该扮演教学方法开发者与设计者的角色，创新教学方法，使课堂更多样有趣。与其他学科相比，大学英语课程教学具有极强的实践性，因此其与教学方法的关系更为密切，甚至教师对语言知识的分析、学生语言技能的掌握、教师课堂活动的组织等都需要考虑相应的教学方法。

随着很多学者对英语课程教学进行深入的研究，探索出了很多教学方法，如语法—翻译法、交际法、任务法、情境法等，这些教学方法各有利弊，大学英语教师需要考虑教学的实际情况以及学生的实际水平，选择适合自己的教学方法组织教学，有时候甚至需要多种方法并用，从而达到最佳的教学效果。

5. 网络技术应用者

（1）语言单元任务的设计者。要想实现单元主题目标，就必然需要对单元任务进行设计，这是大学英语教师的一项重要任务。学生通过教师设计的这些真实的任务，可以拓宽自己的语言知识面，还能够提升自身解决具体问题的能力。因此，在英语学习中，语言单元训练任务的设计是非常重要的。这要求教师在网上设计相应的单元任务，让学生在规定的时间内完成，最后提交完成任务的结果。通过这种方式，学生可以降低自身的压力，愿意参与其中。

另外，通过网络，学生可以根据自身的实际情况选择教师设计的任务，遇到问题时也可以与教师或其他同学进行网上交流，最后呈现自己的作品或观点。显然，这种方式不仅锻炼了学生的英语语言水平，还有助于提升学生的兴趣和积极性，加强人与人之间的交往与合作。

（2）有效主题教学模式的设计者。在新形势下，大学英语课程教学要求教师不断探求新的教学模式与方法。具体来说，大学英语教师不仅需要发挥网络的优势，还需要提升学生学习的效率。对此，大学英语教师在设计主题教学模式时，应该选择学生感兴趣的话题，并且整个教学模式都围绕这一主题开展，以小组合作讨论的形式完成任务，最后提交讨论结果。

当然，由于处于网络环境下，大学英语教师设计的每一个主题应该能让学生在网络上找到丰富的资料，包含这一主题的文化背景与发展动态，然后由学生进行总结与归纳，进而学生在网上进行讨论，这样的设计模式实际上帮助学生摆脱了课本的限制。

另外，在设计有效主题教学模式时，大学英语教师要尽量链接一些有效网址，帮助学生接触更多的国内外文化知识。大学英语教师还可以下载一些前沿性的资料，以吸引学生，提升他们的求知欲。当然，对于一些敏感性的话题，大学英语教师要进行正确指导，避免学生出现文化偏见。

（3）学生网络学习的帮助者。在大学英语课程教学中，网络能够起到监控的作用。通过网络监控，大学英语教师可以对学生的学习过程有所了解与把握，从而帮助学生实现自己的学习需要。大学英语教师是学生进行网络学习的帮助者，尤其对于差生而言，大学英语教师更是发挥了不可磨灭的作用，他们通过记录学生浏览网页的情况，了解学生是否参与其中，从而清楚学生在学习中遇到的困难，之后帮助学生解决实际的问题。

另外，由于不同的学生遇到的困难不同，因此大学英语教师应该给予分别指导，促进不同层次学生各自的进步。显然，大学英语教师对学生网络学习的帮助更具有人情味，不仅有助于提升优等生的水平，还有助于避免差生的畏惧心理，帮助不同层次的学生解决不同的问题，真正帮助他们实现有效的自主学习。

（4）在线学习系统的建立者和学生学习过程的监控调节者。网络为学生的英语学习提供了便利，而教师在这之中充当了调控学生学习、提供个别指导的作用，但在这之前，首先就需要建构一个完善的在线学习系统。在这一系统中，有教师与学生两个端口。学生通过填写自己的信息，向教师端提出申请，教师负责审核，使学生加入这一系统中。

根据在线学习系统的导航提示，学生可以获取自身所需的资料，也可以下载下来。例如，某一在线学习系统可能包含"单元测试"与"家庭作业"两个项目，在"单元测试"中学生可以进行训练与测试，在"家庭作业"中学生可以提交自己的作业。之后，学生可以通过论坛、QQ等与教师进行讨论，实现网上交互。

二、大数据驱动下大学英语教师的素质

从心理学上说，素质即人们与生俱来的神经系统、感知器官的某些特征，尤其指的是大脑结构与技能上的某些特征，并认为素质是人们心理活动产生与发展的前提与基础。

沃建中认为，教师素质是教师能够顺利完成教学任务、培养人所必须具备的品质，且是身心相对稳定的基本品质。

林崇德将理论与实践紧密结合，把教师素质界定为："在教学活动中，教师表现出来的、对教学效果起决定作用的、对学生身心发展产生直接影响的心理品质的集合。"

本书所说的教师素质主要侧重于教师的从业素质，即教师的职业素质，具体指教师为了与教师职业要求相符所必须具备的基本能力与品质。其中包含教师的道德素质、文化素质、思想素质、能力素质、科研素质等。

（一）大学英语教师基本素质

根据林崇德先生提出的"三层次五成分"教师素质观，从当前大学英语教师的基本情况考量，大学英语教师素质的内涵可以涉及如下几个层面。

1. 职业理想

教师的职业理想是教师从事教学工作的兴趣与动机的体现，是其献身于教学工作的原动力。在大学英语教学中，教师的职业理想表现为积极性、事业心、责任感，大学英语教师具备的崇高的职业理想，是他们开展大学英语教学活动的有利层面。

2. 知识水平

教师所具备的知识水平是教师开展教学工作的前提。林崇德（2005）从功能角度出发，将教师的知识结构划分为四大部分：本体性知识、文化知识、实践知识、条件性知识。

教师的本体性知识是教师特有的知识，如英语语言知识，这是为人们普

遍知晓的。这一知识与舒尔曼的学科知识基本等同。在林崇德看来，一个人最佳的知识结构就是自己所从事职业的知识，这是获取良好教学效果的保证。学生的年级越高，教师的威信越取决于自身的本体性知识。但是，林崇德也指出具备本体性知识只是教师教学的基本保证，却不是唯一的，即还需要具备其他层面的知识。

教师的文化知识对于教师教育效果而言有着重要意义，其与教师的本体性只是有着同等重要的作用。

教师的实践知识是指教师在具体的课堂中，面临有目的的行为所具有的课堂情境知识或相关知识。这种知识是教师经验的积累。教师的教学与研究人员的科研活动不同，具有情境性，且在这些情境之中，教师的知识主要是从个体实践而来的。同时，实践知识会受到一个人经历的影响和制约，这些经历有人的打算、人的目的、人类经验的积累等。这种知识的表达有着丰富的细节，并且以个体化语言来呈现。

教师的条件性知识是一个教师能否取得教学成功的保证。一般来说，教师的条件性知识可以划分为三种：学生的身心发展知识、学生成绩评估知识、教与学知识。

3. 教育观念

教师的教育观念是他们在教学活动中形成的对教育现象的主体性认知，是从自身的心理背景出发进行的认知。一般来说，教育观念包含知识观、教育观、学习观、学生观等。

4. 监控能力

教师的监控能力指的是他们为了保证教学能够顺利实现预期目标，在教学过程中对其进行主动计划、检查与反馈等。具体来说，包括对课前教学的设计、对课堂进行管理与指导、对课堂信息进行反馈。事实上，教学监控能力是教师对其认知的调节与控制，是教师思维反省与反思的体现。

5. 教学策略与行为

教师的教学策略与行为是教师为了实现教学目标,从学生的特点出发,采用各种教学手段进行因材施教。在大学英语教学中,教师的教学策略与教学行为是教师根据不同学生的学习风格与水平差异,创造符合学生风格的课件,采用网络多媒体技术,将自身的教育思想与学生容易接受的方式完美地融合。

(二)大数据驱动下大学英语教师的素质定位

1. 以学生为中心的教学意识

在传统的大学英语教学模式中,教师在课堂上占据绝对的主体地位,他们是教学活动的掌控者、组织者,学生是被动的参与者。在这样的教学过程中,教师也不会意识到不同学生是存在差异的。即便教师注意到了这一点,大多数教师也会忽略。

实际上,在大学英语课堂中,所有的学生形成一个多元文化语境,他们来自不同的地区,具有不同的成长背景,这就使得他们有着不同的接受能力、不同的思维方式等。如果教师对所有学生都一视同仁,那么必然会削弱学生学习的积极性与主动性,也势必会导致教学效果不佳。

在跨文化教育背景下,教师应该"以学生为中心",教师自身的角色也应该发生改变,从原本对课堂的控制者转变为对学生英语学习的辅助者,同时对待每一位学生都应该持有平等、公平的态度。教师要认识到不同学生的文化差异与多样性,对不同的学生采用不同的方法,使学生成为教学的主体,展现自身的个性,从而更好地在多元的环境中习得英语这门语言。

2. 信息化时代下的信息素质

随着科技的日益进步,人们逐渐意识到:人才的高素质是一个国家、一个民族最大的竞争力。在所有素质中,信息素质是一个最不可忽视的方面。因此,各国教育界都特别注重对个人信息素质的培养,很多国家从中小学起就抓孩子的素质教育。然而,对于中国来说,信息素质教育的起步特别晚,并且一直以来仅对在校的高校学生开展文献课，直到教育信息化实施，才在一些条件相对较好的中小学开设信息教育课。对于在职的高校教师而言，信息素质教育根本就没得到应有的重视，甚至有的教师都不知道信息素质的含义。很多资料表明，我国高校教师的信息素质早已无法适应当今教育信息化对高等教育发展的需求，与发达国家相比，存在巨大差距。

第二节 大数据驱动下大学英语教师专业发展的途径

大数据影响下的大学英语教学对教师的专业能力提出了更高层次的要求，如何实现教师的专业化发展逐渐受到了人们的关注。下面就从几点来探究大数据驱动下大学英语教师专业发展的途径。

一、提升专业能力

教师要想在跨文化教育背景下提升自身的跨文化意识，首先就需要提升自身的专业能力。具体来说，可以从如下几点着手。

（一）专业引领

当前，我国的大学英语教学在不断革新，先进的理念需要有骨干、研究者的带领，才能促进自身的专业发展。一般来说，教学专家、资深教师等都可以起到专业引领的作用。普通大学英语教师要向他们学习，接触先进的思想与经验，从而推动自身的专业化发展。

1.专业引领的要求

（1）要发挥专家与普通大学英语教师之间的能动性与积极性。不同的引领人员，所侧重的层面必然不同。科研专家对教学理论非常注重，其在引领上更注重理论与实践的结合。骨干教师注重教学实践，其在引领上更注重具体操作。但是无论是哪一种引领，他们都需要较高的引领能力，既能够在理论上进行指导，还能够在具体操作中提供建议。对于普通的大学英语教师，他们应该配合专家与骨干教师，对其给予的建议要认真听取，并择优采纳，从而分析与总结自身的教学问题，对自己的教学活动进行反思，提升自身的专业素质。

（2）大学英语教师要保证内容、目标等的正确，采用的方法要恰当。大学英语教师专业发展的总目标在于让他们能够对新知识、新信息予以把握，并且能够在这些新知识、新信息的基础上提升自身的专业素质。不同的大学英语教师存在着个体差异，在专业发展、水平上也必然不同，因此在进行专业引领时，需要考虑不同教师的具体情况，对不同的教师制订与他们相符的方法，从而实现专业引领的合理性与有效性。

2. 专业引领与大学英语教师专业能力发展

从上述分析可知，专业引领对于大学英语教师专业能力发展非常重要，具体而言可以从如下几个层面着眼。

（1）阐述教学理念。就很大程度而言，大学英语教师的教学行为往往会受到教学理念的影响，因此在专业引领中，专家、骨干教师等应该尽可能引导普通的大学英语教师熟悉与掌握教学理念，可以采用讲座或者报告等形式。

（2）共同拟订教学方案。当普通的大学英语教师对先进的理念掌握之后，专家、骨干教师应该与普通的大学英语教师共同探讨先进的教学方案。在这一过程中，专家、骨干教师不仅是引领者，还需要对普通的大学英语教师的教学设计提出建议、给予指导，从而让普通的大学英语教师的教学设计更为完善。在专家、骨干教师等的引领下，普通的大学英语教师能够顺利地制订出与教学理念相符的教学方案，并将这一方案付诸实践。

（3）指导教学实践尝试。当制订完教学方案之后，就需要将其付诸实践，从而对教学方案进行验证。在验证时，专家、骨干教师应该参与其中，对教师的教学行为进行记录，从而与具体的方案进行对比，找出差距。在教师结束课堂教学之后，专家、骨干教师与普通的大学英语教师进行分析与探讨，对教学方案进行修订，从而使方案更完善、更切合实际。

(二) 课堂观察

所谓课堂观察，是指通过有计划的观察，对课堂的运行情况以及一些细节进行分析与记录，从而改进教师的课堂教学与学生的学习。

与一般的观察相比，课堂观察要求观察者有明确的目的，并借助观察表、录像设备等手段，直接或间接地从课堂收集资料，并对收集的资料进行研究与分析。

1.课堂观察的步骤

课堂观察一般分为如下三个步骤。

在课堂观察之前，首先要对解决的问题予以明确，保证观察的针对性；其次，要根据相关问题制订教学计划。一般来说，教学计划的内容包含时间、地点、方式、课次等。如果条件允许，可从具体的要求出发，对观察者进行专门的培训。

在课堂观察过程中，就要采用一定的观察技术手段，从课堂观察之前制订的观察要点与观察量表出发，选择恰当的观察角度与位置，进入观察状态，通过采用不同的记录手段，在技术层面将定性与定量方法相结合。在观察过程中，还需要对典型的行为进行记录，尤其是记录下实际情况与自己的思考。

课堂观察结束后，要对记录的资料、收集的材料进行分析与整理。课堂记录的资料分为两种：一种是定量性质的；一种是定性性质的。这两种资料所采用的分析手段不同，但是目的是相同的，即通过系统的分析，对课堂行为间的关系进行了解与把握，解决课堂中存在的实际问题。通过分析与整理，所有参与者最终探讨相关的解决方案。

3.课堂观察与大学英语教师专业能力发展

课堂观察对于大学英语教师的专业发展有着重要的意义，具体而言，表现为如下几点。

（1）课堂观察有助于教师专业发展的实践反思。基于课堂观察的自我反思是教师在教学中做出的并能够产生结果的分析与审视。在反思过程中，教师将自己视作有见解、有理想、有决策能力的人。这样，教师就会对教学行为、教学计划等进行分析与自评。反思能力的养成是确保教师继续学习的基本条件。在反思中，教师对自己的专业视野加以拓宽，将自己追求超越的动机激发出来。同时，这种观察不仅有助于对自己的教学实践与教学行为加以改进，还有助于不断提升自身的教学水平与教学质量，促进自身的成长。

课堂观察使得教师对课堂生活进行真正的认识，也有助于不断激发教师的自我发现、自我设计。通过自己与同事的观察，教师能够不断提升对自我的认识，不断增强自信心与责任感，由此促进教师批判地、系统地分析自己的教学行为与教学水平，发展自己的判断能力，使自己与其他同行之间相互反省与通力合作，解决教学中存在的现实问题，并通过课堂观察，对自己的教学不足加以改进，提升自身的教学水平与教学质量。

（2）课堂观察有助于加强教师对课堂的驾驭能力。教师对于教室内发生的教学管理、教学行为等，只有进行全面、系统的观察，才能真正地将课堂中的各种行为记录在内心，保持课程能够顺利地开展，并获得口头的或者书面的评价资料等。因此，对于教师来说，课堂观察是理解与解释课堂事件背后的意义，最为直接的方法，对于教师理解与把握课堂行为，有着极其重要的作用与较高的价值。

教师要想对自己课堂上的表现与行为有清楚的认识，必须要进行课堂观察，通过课堂观察、课堂行为的分析，教师能够获得更为详细、更多的与自己与学生相关的反馈。在观察中，教师能够发现自己或者其他教师的问题，让自己清楚地认知自己的教学行为。

另外，在课堂观察之后，教师能够与其他教师进行交流与探讨，对自己的教学行为进行反思，对自己的教学行为加以改进，找寻恰当的教学策略，从而积极主动地解决教学中存在的问题。

总之，课堂观察有助于教师对自己的课堂行为、课堂观念有清楚的认识，进而对自己的教学进行自我评价，从而激发自身对专业发展的积极性与兴趣。

二、提高专业意识

所谓教师的专业发展意识，指的是教师按照教师专业化的要求，对自己专业发展过程、目前专业发展状态、未来专业发展规划的系统化、理论化的认识。教师的专业意识是基于教师的自我意识、职业认同、动机的基础上产生与呈现的，其对于教师素质与能力的拓展起着重要的规划与导向作用。

要想提高大学英语教师的专业意识，首先就要掌握一定的方式、方法和策略，这是信息化教学能力培养的中观层面。在这一层面中，大学英语教师的职前培养、教学实践、在职培训、协作交流、自主学习等是最为主要的几个方面。

（一）进行职前和在职培养

大学英语教师信息化教学能力的发展是一个系统的过程，进行职前与在职培训是大学英语教师信息化教学能力发展的重要促进环节，两者是紧密结合的。通过职前培训，大学英语教师能够系统地掌握信息化教学技术的知识和能力，为下一步在大学英语教学过程中运用大数据打下坚实的基础。通过在职培训，大学英语教师能够及时学习最新的信息化教学技术，并可以与更多的大学英语教师进行沟通交流，从而提高自己的信息化教学能力。

（二）传统方式与网络方式相结合

在当今大学英语教学中，利用信息化技术进行大学英语教学时，也不要忽略了传统的大学英语教学方式，要将传统的教学方式与网络方式结合起来进行，教师在教学过程中要与学生进行不断的面对面的交流，不断提高自己的信息化教学能力。随着大数据的不断发展，人们获取信息资源的渠道逐渐多元化，无论是知识的获取，还是教学经验的分享等都可以通过网络来获取。

因此，将传统方式和网络方式结合起来能极大地提高大学英语教师的教学能力，从而促进大学英语教学质量的提升。

（三）自主学习与合作交流相结合

在大数据教学背景下，大学英语教师要想具备一定的信息化教学能力，就需要通过不断的学习和提高，以适应不断发展和变化着的学校教育。在平时工作中，大学英语教师可以通过自主学习掌握基本的信息化技术手段，与其他的大学英语教师进行沟通与合作，多参加一些与信息化教学有关的研讨课等，逐步提升自己的信息化教学能力。在面对面协作交流的过程中，要注重提高虚拟的、跨时空的协作交流能力。这对于大学英语教师掌握信息化技术，提高大学英语教学水平具有非常大的帮助。

（四）技术知识与实践应用相结合

信息化技术知识与能力主要是大学英语教师通过职前培训得到的，但需要注意的是，仅仅掌握信息化技术知识是远远不够的，还要具备一定的技术知识与实践应用相结合的能力。通过大数据的培训，大学英语教师可以在学习中体验和模仿，强化对大数据知识的实践应用。只有将技术知识与实践应用充分结合起来，才能实现既定的学习目标。

信息化教学的技术手段有很多，作为一名大学英语教师，一定要学习和掌握基本的教学技术软件，尤其是对于一些年龄较大，不易接受新鲜事物的大学英语教师而言。在平时的信息化教学中，PPT演示文稿、多媒体教学软件等都是最为常用的技术，大学英语教师还要利用计算机收集和掌握一些教学素材，不断提高自己的多媒体技术能力，从而提高自己的信息化教学能力。

随着现代信息化技术的不断发展，网络上出现了各种培训课程，其中有关网络技术的培训课程也是相当多的，这一部分课程既有免费的也有付费的，通常都有着较强的专业性，作为一名大学英语教师，尤其是信息化技术教学水平较差的教师，可以多参加一些网络技术课程的学习，从而提升自己的信息化教学能力。

第七章　高校教师专业发展与行动研究

行动研究主要是实际工作者对自身实践进行反思探究的一种研究活动，具有行动性、基层性、合作性和特殊性等特点，它在完善教师专业知识结构、形成理想的教育理念、培养研究型教师等方面都有积极的作用。在促进教师专业发展的方式中，行动研究是最具根本意义的措施。

第一节　行动研究概述

一、行动研究的概念与特点

（一）行动研究的概念

1. 国外学者对于行动研究的理解

（1）诺福克（Noffke）和史蒂文森（Stevenson）指出，作为一种研究方法，行动研究具有循环性。也就是说，它并非简单地开始于问题，结束于数据收集、分析和结论的形成。相反，它认为理解和行动总是在不断地循环中进行的，这种循环一直强调，教育者的行为往往是部分正确的，需要在思想和行动上不断修正。和传统的研究观念一样，这种过程不会因为实践者对教育的进一步理解而自动结束，从而让他人去操作和实施。相反，它帮助人们不断发现矛盾，并帮助人们发现进一步行动的空间，这种行动在伦理上具有保护性，在政治上具有策略性。

（2）科瑞（Corey）认为，行动研究就是教师研究自己的教学实务，解决自己的教学实务问题的过程。行动研究通常是一种团体性、合作性的活动，这种活动由教师聚集在一起，相互协助，共同设计，并实施教学活动的调查研究。换言之，研究的程序是教师自己设计，自己操作，以改善自己教室内的教学活动。教师组成教学团队，主要是为了相互之间提供协助与支持，并形成讨论的形式，相互之间共同享有提出疑问、提出建言或做评论等的自主性权益，使研究顺利且有深度地进行，消除同事之间的孤立感。

（3）帕提森（Pattison）指出，行动研究是一种训练有素的质问与研究，其目的在于改进组织及组织的整体表现。它是研究者借由收集资料、诊断问题、寻求解决方案、采取行动、检视行动效果等一系列程序，以改进工作实务的一种研究方法。在教育领域中，行动研究是针对日常的教学实务所采取的计划、行动、观察、反馈、反思的一个循环过程，其主要特征则是要求透过同事之间一起采取集体的、合作的、自我反省思考的，以及相互评论的方式，对教学实务做出系统性的探讨。

2. 中国学者对行动研究的理解

北京师范大学王蔷教授曾列举了部分行动研究的英文定义，并将这些定义简单归结为四点：（1）行动研究是一种系统的反思性的探究活动；（2）它由教师针对自己教学中的问题直接参与和开展调查与研究；（3）行动研究需要一系列的步骤来完成；（4）其目的是不断改进自己的教学，使教学达到最佳的效果，同时提高对教学过程的理解和认识。"这个总结基本涵盖了行动研究的目的、方法和理念。

刘加霞与申继亮认为，行动研究可以成为教师改进、研究自己教育教学实践的方法，行动研究是一种在教育教学实践活动过程中产生和进行的，由教育理论工作者和实践工作者共同参与，以研究解决教育教学实践问题为根本目的，以"对行动进行研究，以研究促进行动"为基本方法的教育教学实践研究方法。

(二) 行动研究的特点

1. 行动的自觉性

一般来说，每种"教育行动"都或多或少地带有自觉性，不过自觉性的程度不同。有些行动属于习惯行为、按常规办事，有些行动是针对偶发事件采取的对策，有些行动是为了改进工作而采取的行动。不管怎么样，每一个自觉的行动中都或多或少地包含一些研究成分。

行动研究过程中，在行动之前，教师的行动计划会更加周密、更加追求计划的合理性，为计划主动寻求理论和实际经验的依据；在行动过程中，会有意识地监控自己的行为，观察自己行为的结果，如学生的反应，以便收集证据说明行动的效果；在行动之后，会自觉地进行反思，并思考存在的问题和后续的行动计划。久而久之，教师养成借助行动研究这一手段改进自己的教学实践，会有助于提高教师教育行动的自觉程度，从被动地应付工作，或者单凭热情与善意工作，到自主、自觉地工作，直到获得教育行动的自由。即使不能成为教育专家，至少也能从教育工作中获得乐趣。

2. 注重反思性实践循环，提高行动的理性水平

同样面对一个教学问题，行动研究会更注意问题解决的过程，以及问题解决过程中的观察和反思。另外，行动研究者不会认为某个问题解决了，行动也就结束了，而是会积极地反思问题解决的过程和结果，并注意发现新的问题，开始新一轮的行动、观察和反思。行动理性程度的提高正是依赖观察的客观全面、反思的严谨和批判性。

3. 合作公开性

一般来说，教学基本上是教师个人的事情，通常教师会关紧教室的大门，以独立个体的形象出现在学生的面前。遇到教学问题后，教师通常也很少与其他的教师沟通，至少很少有学校从制度层面保证教师就日常的教学问题进行合作。但是行动研究通常要求教师寻求和同事、外部专家之间的合作。一方面，行动研究是个新事物，具体实施教师需要帮助，需要借助同事或者外

部力量解决行动研究过程中的问题。比如,清晰地确定问题、制订合理有效的研究方案、数据的收集和处理等;另外,行动研究也是一种研究,研究要得到他人的认可,就必须以适当的形式,把研究设计、研究方法、研究过程和研究结果等公开,接受大家的质疑和批判。

二、行动研究的分类

(一)按照研究主体分类

按照行动研究参与者数量和直接受影响的学生的范围(某个教室或者班级、某几个班级或者全校范围),可以把行动研究分为教师个体行动研究、合作行动研究和学校行动研究。

1. 教师个体行动研究

教师个体的研究目的通常是解决自己教育教学实践中遇到的问题,改变自己的课堂教学,研究的影响通常不会超出一个班。教师能注意到他们需要改变或者探索的事情,如课堂气氛、课堂管理、教学策略或者教学材料、学生的认知或者社会性发展等。其实质是,教师个人确定了感兴趣的范围——通常是要解决的问题,自主地寻求问题的解决方案。

个体行动研究报告的主要读者当然是进行行动研究的教师。如果学生直接参与调查,帮助生成或者探索不同的方案或确定效果,他们也应该成为主要读者。

2. 合作式行动研究

取决于参与研究的教师数量,合作式行动研究的目标可以是关注在某个班的变革,或者一个学校中几个班,甚至是跨学校、跨学区的多个班。行动研究团队可以仅仅包括两个人,或者包括几名教师、管理人员、大学或者其他校外机构的人员。这些合作式行动研究可能会解决一些教师课堂教学中的共同问题。他们也按照教师个体进行研究时采用的调思循环进行研究。

合作式行动研究的论文和报告通常会提到教师、管理人、外部专家的联合工作，外部专家包括大学教师、教育协会的成员等。

3.学校行动研究

学校行动研究关注的是学校层面的改进，目的通常是提高全体学生的学习，研究有可能引起学校的改革和重构。

学校范围行动研究的目标是学校的改善，它有三层含义。第一层含义是改进学校这一作为问题解决实体的组织。通过研究的重复循环，员工作为合作群体应该会变得越来越能够一起工作，进而确认问题、解决问题。第二层含义是保证教育机会的公平和均等。比如，如果教师研究写作过程，以便为学生提供更好的教学机会，目标是使所有的学生都能够受益，而不仅仅是那些由少数教师教授的学生。第三层含义是探究本身的广度和内容。全校教师由于有共同的关注点或者兴趣，在学校正式的组织和协调下，所有相关的班级和教师均参与数据收集、解释和行动方案的选择、措施效果的评估工作。

（二）按照研究取向分类

我们认为，理想的行动研究应该同时包含这三个方面的因素，即用科学的方法解决教育教学实践中的问题，在这一过程中，行动者（即研究者、教师）进行积极主动的批判性反思，在改进实践的同时，教师的个人理论和专业能力也会得到发展。当然，在实际过程中，具体的某次行动研究可能会在某一个方面有所侧重。

1.技术取向

该类型的行动研究强调行动者用科学的方法对自己的行动进行研究，强调用"科学工具"来观察行动过程，如强调用测量、统计等科学的方法检验假设。它与19世纪末20世纪初兴起的"教育科学化运动"及一些心理学家强调心理测量有着很大的关系。

2.实践取向

该类型的行动研究强调的是行动者为解决自己在实践中遇到的问题而进行的研究。此类观点的代表人物有斯腾豪斯（Stenhouse）等人，他们关心的不仅仅是统计数据，而且还重视教师和学生的日记、磁带、照片等所有对以后的会议和评价有帮助的材料。

3. 批判取向

行动研究过程中强调行动者对自己的实践进行批判性思考，以"理论的批判""意识的启蒙"来引起和改进行动。此类观点的代表人物为澳大利亚的凯米斯（Kemmis）等人。他们认为，实践工作者（教师）通过批判性的思考并采取相应的行动，是使教育摆脱传统的教育理论和教育政策限制的一种研究方式。

此外，不管是技术取向还是实践取向的行动研究。作为研究而言，肯定包含一定程度的批判性思考，但批判取向的行动研究更强调教师的反思对自身专业发展的作用，强调教师的自主性和自觉性，在实践取向行动研究中这也是非常必要的。

三、行动研究的原则

（一）问题性与可行性原则

以问题作为行动研究的调查对象，通过反思和实践来认识问题的重要性，在实践中形成自己的思想和创建自己的价值，并认识到与合作者的关系。任何研究都必须要注意研究者的主客观条件，行动研究不仅能够改善参与者的观念和工作条件，而且研究方式也必须与周围的人们的观念和工作条件相适应。

从某种意义上说，作为行动研究，始终记住这一点是很重要的。有时行动研究从"我现在这样做"独立的调查开始。从这个角度来看，行动研究可以成为一个抽象的学科，可以运用到实践中，可以是人们生活的过程。行动研究重要的是始终定位在现实生活中，以人们在现实生活中的经验来讨论所要研究的问题，行动研究的"意义"就是与人们的生活联系在一起。

行动研究是自我学习研究的特定方式与方法，是一个切实可行的办法；

我们可以检查对自己所做的是否应该做，做的是否令人满意，并对其进行解释为什么这样做，最好能有足够的证据来支持自己的做法。在某种程度上，通过进一步的实践改进和完善自己所做的事情。

（二）主动性与合作性原则

不论是独立研究还是与专家合作，教师自己都必须意识到行动研究的必要性，研究动力必须来自教师自己。这就要求所有参与研究的教师必须完成角色转换，要静得下心、沉得住气、耐得住寂寞、经得起挫折。教育行动研究允许失败，但不允许感情代替理智、主观代替客观、臆断代替事实。行动研究属于"合作模式"和"支持模式"，参与各方相互尊重和平等合作就非常重要。行动研究大力提倡友情合作、淡泊名利，争鸣不争锋，辩论不辩解，批评不批判。

主动的自我反思是行动研究的方法与中心。在传统形式的研究方法中，研究者是对其他人进行研究，是调查其他人的生活和收集其他人的相关数据；而行动研究中，研究者是对自己进行研究，是调查自己实践的一个过程，与其他人或同事是合作者的关系，谁是谁非并不重要，重要的是研究者在行动研究过程中始终保持合作与相互支持。

第二节 教师进行行动研究的必要性

一、是教育理论发展的需要

20世纪80年代以来，教育理论的研究从社会科学研究为基础的研究开始转向以教师为中心的教学理论研究。人们认识到，现成的科研成果和理论不可能为教师解决日常的教学问题提供直接和有效的办法，真正的答案必须靠教师在理论的指导下，在教学实践中自己去探索，去创造，去归纳，去总结。

教学过程具有不可预测的特征。事实上，很少有哪一节课是完全按照教案进行的，课堂教学中会随时出现各种各样的问题，而问题的解决在很大程度上要依靠教师本人根据自己对教学过程的了解、对学生的了解、对实际教学环境和条件的了解来制订切实可行的解决办法。由此可见，要解决理论与实践分家的问题，教师就必须参与课堂教学研究。

二、是 ESP 教师教育的需求

自 20 世纪 80 年代以来，关于 ESP 理论与实践的许多书籍和文章相继出版与发表，其中大多是重点关注学习者的需求，但很少关注教师需求的，这是自相矛盾的。在某一领域的研究，其中一个目标是了解中心的情况，重要的是能够清楚地认识到，我们必须坚持教师的发展，他们是 ESP 课程成功的关键。

ESP 教学存在两大挑战：（1）ESP 教学需要是以学习者为中心；（2）在绝大多数情况下，ESP 学习者是成熟的和受过教育的成年人。

在方法论方面，这两大挑战构成了 ESP 教师所面临的问题，ESP 教师往往是文学专业毕业，这些教师对学生了解不多。为了处理这个问题，笔者建议 ESP 教师要虚心向学习者和他的同事学习，也就是说 ESP 教学应以团队协作工作为概念，另一个问题是如何激励 ESP 学习者，特别是激发学习者的学习动机；所以，ESP 教师面临的第三个问题是学生对课程的期望。

一般情况下，有经验的教师普遍保守，年轻教师普遍缺乏经验，但有着高度的热情和积极性。有经验的教师和年轻教师可以一起讨论项目的思路以达到彼此间相互借鉴。当彼此教授不同专业和不同群体的学习者时，首要考虑的问题是应如何进行分组，以最大限度地从他们的学习潜能考虑并提供相应的科研环境；如何为具有良好的个人和集体的发展潜力带来变化；另外一个显著的优势是：理论＋实践，理论和实践两个不同阶段是相互依存和相辅相成的变化过程。行动研究的理论是一个自我实现的形式，是我们创建教育、发展教育的说明和解释。

如果 ESP 教师只是通过自我批判的方式来改变自己的教学行为和教学观念也许并不那么"艰辛"，真正对 ESP 教师构成"艰难"的因素在于 ESP 教师的教学行为和教学观念似乎总是牵涉相关的"教学制度"（也有人称之为"社会情境"）。教师日常生活在种种"制度"条款中，教师虽然日常地享受"制度"给他们带来的报酬和便利，但教师也日常地受"制度"的规范和约束；与生活方式包括经济生活方式和教育生活方式的"变化""更新"相比，"制度"总是相对的显得"保守""滞后"。

如何才能使研究贴近 ESP 教学，使教学本身包容研究，从而实现研究与实践之间的沟通？这是一个问题。国内外大量的实践表明，行动研究就是这样一种有效解决上述问题的教育科研方式。

总的来说，行动研究若期望有效，则不得不克服行动研究中的种种困难，比如"合作尴尬""制度障碍""系统缺失""教师失语"。有人可能因此而抱怨这样定位行动研究反而会增加行动研究的难度。确实，在行动研究容易被想象为某种"随意性问题解决"的境况中，行动研究作为一种"研究"，需要人们对它怀有必要的"敬畏感"。

ESP 教师应跨专业支持自己的实践教学，学会在工作中积极研究自己的实践，以更加有效地了解自己，评价和发展认识以及如何影响自己与他人的工作。教师了解一些关键知识的学习将会促进自身的实践研究，反过来，这些学习收获将产生新的学习和新的实践。因此，教师个人需深刻意识到教师的责任、赞美、反思的概念；认识到实践是核心的价值，因为只有通过学习实践，思考和表达自己的想法，才能意识到如何做出选择，创造自我，并成为自己。

三、给教师提供了机会和专业发展的框架

行动研究是研究人的学习与改进的一种形式。因为，它总是与别人所做

的事物相关，重点是确保如何将人引向适合教育的一种关系。教育的目的是引向进一步的教育，即教育是一个成长的过程，其目的是使人们持续地成长。要坚持要教育研究与学习，如何做到这一点具有深远的教育意义。

行动研究提倡鼓励教师对自己的学习和研究进行描述和解释。这样做，可以找出自己行动实践中的不足，并改进自己的做法。这是一个非常严谨的过程，这种努力的反思实践是一个实用的理论化的形式，这可能会导致良好的社会秩序的演变。

行动研究给教师提供了机会和专业发展的框架，主要是发展了教师的反省与反思的能力，使他们能检验未被论证的理论，进一步了解学校和教学的复杂性，提高教学质量和实现专业发展。

因此，行动研究是改进课程和教学，落实教育革新的手段，其主要理由有三个方面。

第一，行动研究的知识论是民主的，使教师成为教授知识的生产者，每一个人都能生产知识，能决定研究的主题和过程，使研究的过程透明化，每个参与的人员都能做出应有贡献。

第二，行动研究是合作的，重视每个人自己的实践及影响实践的整体情境，使教师思考教师之间及其与教学专业之间的关系，打破个人主义和孤立的障碍，进一步厘清理论与实践之间的关联，使课程和教学问题成为日常工作的一部分，教师从研究自己的实践中获得理念，并将自己的知识列为分析的对象。

第三，行动研究具有暂时性、连续性和循环性，是建构教师专业知识的重要过程，在研究过程中常常未强加人工的范畴，解决问题具有"灵活性"的特点，研究与实践往往具有紧密的关系。

四、为教师提供了专业发展的有效渠道

（一）行动研究促进教师专业化发展

行动研究是促进教师专业发展的有效途径，它可以提升教师研究、反思和解决问题的能力，进而引起行动或变革。行动研究作为转变教师自身以及教学专业共同体的专业工具，倡导"教师作为研究者"的理念，以改进实践作为其首要目标，将教师的实践、知识和发展有机地结合起来，在促进教师专业化发展的过程中发挥着独特的作用，原因如下。

首先，因为行动研究的问题和研究结果都和课堂紧密相关，因此，教师可以通过做行动研究来提升自己的教学效果。其次，阅读研究文献、探究不同的教学方法等可以使教师时刻了解一些新的观点和有效的策略，可以说，做研究本身就是一种专业发展的形式。

（二）行动研究能使教师获得理性的升华与情感上的愉悦

戈斯瓦米（Goswami）和琼斯（Jones）提出，做行动研究可以使教师的教学和态度保持活力，减少职业倦怠的可能性。也有学者提出，行动研究的过程有助于培养决策的民主性，同时通过参与具有合作性和社会反馈性的合作研究，教师个体也获得了更多的权力和能力。

杰夫·米尔斯（Geoffrey E.Mills）提出，行动研究非常强调提高教师的"专业地位"，鼓励教师成为持续的学习者——无论是在课堂上，还是在他们的实践过程中；强调教师对每天的常规教学应有反思的立场，积极主动地用钻研的眼光去检验自身的教学，以提高教学水平。而行动研究正好提供了教师能够采用的专业方式，因为它总是鼓励教师深入观察教学动态，仔细分析学生的行为和互动情况，验证和挑战现有的实践常规，敢于尝试新的教学方法。研究和反思使教师在自己的工作中得以成长并获得自信。同时，行动研究也在一定程度上影响着教师的思维技能、自我效能感、与他人分享和交流的意

愿以及对于变革过程的态度。通过行动研究，教师可以更好地了解自己、学生以及同事，能够决定采取何种持续改进的方式。

麦克尼芙（McNiff）和怀特海（Whitehead）指出，"教师行动研究是一种能够使实践者探究和评价自己工作的研究形式"。教师通过做研究来探究自己的专业实践，以达到理解和改进工作的目的。教师不能仅仅满足于完成工作量以内的教学任务，日复一日、年复一年地重复劳动。教师要参与到对教学的改进与改革的进程中，要抱着探讨和研究的态度，不断地对自己和他人的教学做出评价，总结和发扬成功的一面，找出和改进不足的一面。有评价才有可能发现问题，有问题才有研究的基础，有研究才能有发现和进步，也才有理论水平的提高和教学质量的提高。

因此，参与研究可以帮助教师从日常繁杂的教学工作中解脱出来，在教学的劳动中获得理性的升华和情感上的愉悦，提升自己的精神境界和思维品位。引用苏霍姆林斯基（Suchmlinsky）的话说："如果你想让教师的劳动能够给教师带来乐趣，使天天上课不至于变成一种单调乏味的义务，那你就应当引导每一位教师走上从事研究的这条幸福的道路上来。"

第三节 行动研究与ESP教师专业发展

一、ESP教师进行行动研究的优势

（一）促进ESP教师个人专业发展的意识

教师行动研究的个人和专业发展是相关的，这意味着理论与专业两方面的学习。教师的发展与个人发展没有什么不同，它是自发的，自我导向的和自我评价的。

意识被认为是在任何类型的学习的第一步，教师行动研究已被证明是提

高和建设自我意识有效策略。一般来说，自我意识可以分为三种类型：表现意识、潜在意识和发展意识。

教师进行行动研究的比不进行行动研究的在提高教师的自我意识方面更为有效，因此，它将影响教师个人的专业发展。比如，大学英语教师行动研究可优化教师的分析能力，并能提高他们自我发展的意识，在行动研究侧重于反思和自我评价的研究中，教师可加速个人职业价值观的形成，逐步通过自我评价和认识提高自身专业化发展，并与同行共同努力，共同提高。另外，还需要指出的是，在反馈策略的刺激下，教师的自我意识能够强化教师的自信心。

反思是教师自我意识和自我发展必不可缺少的环节。反思有两个来源，即"初次"和"二次经验"，前者是教师对自己"行动和反思"的观察，后者是研究小组其他研究人员告诉教师关于对她/他的表现的看法。

教师在进行反思的过程中，是不能忽视同事的反馈的。这是因为良好的心理气候有利于教师的发展，特别是通过人际关系的关怀、理解和信任，大家一起面对教师发展过程的共同承诺。这样的气氛可能会帮助行动研究参与者感到足够的安全，会更诚实地对待自己与他人，教师做出的反应，是愿意并努力支持他人的发展。

在同事的反馈中，教师可以发现自己的潜能，进而提升自己的自信心。这在教师行动研究中已被证明是有效的，且远远超过了传统方式的教师发展模式，因为教师行动研究涉及个别教师的教学方式，不断吸引了他们的注意，挖掘他们的潜力，提升学习的质量，更重要的是教师亲自参与，能够进行更有效的探索，因而更有价值。

（二）促进 ESP 教师个人发展的潜力

行动研究强调，教师是教学实际的探究者，其意图是解放的，目的是增强教师的专业能力，促进个人和专业成长，增强教师对生活的感知，发展教师对研究的积极态度，进而缩短研究与实际教学之间的差距。主要具有以下几个方面的特点。

（1）以教师已经积累的基础知识为出发点。

（2）以教师课堂授课的兴趣和关注点为中心，着重于教师与学习者所关注和关心的问题。

（3）整合课堂中细微的过程，发现课堂上微妙的细节与研究的关系。

（4）在教师日常"自然"开展的课堂工作上进行研究与评估。

（5）通过研究人员和实践者的角色合作，缩短相互间的理解和行动之间的差距。

（6）通过观察、记录和分析课堂活动，加强教师的批判意识，从而有意识地提高行动研究的能力。

（7）为教师提供关于教室里实际正在发生的和为什么会发生的更有效的信息。

（8）帮助教师更好地向同事阐明教与学的过程。

二、教师行动研究对教师教学实践和专业发展的作用

（一）促进教师对英语教学的认知

行动研究中，大学英语教师需要在教学理念和教学管理的反思及教学实践中发现问题，这些研究实施之前要求大学英语教师在对教学目标、教学模式以及课程设置清晰认知的基础上，进一步实施行动研究计划。

大学英语教学是一门语言学科，教师在教学过程中目标一定要明确。交际法语言教学认为，语言学习要系统掌握语言功能和语言结构，教师首先要对于语言教学的教学目标有深刻的认知。教学模式是教学的具体形式，大学英语教师对于教学模式的认知在行动研究中极为重要。将传统教学模式结合网络资源教学，借助网络平台实现课堂教学、课后复习、课外实践或者是第二课堂，充分将知识学习网络运用有机结合，调动学生英语学习的积极性、兴趣、信心。课程设置的认知也是大学英语教师团队建设需要完成的一项任

务，大学英语课程设置以外语学习理论和课程理论为指导，以培养国际化人才为目标，根据学生不同的专业和基础开展分层次、分专业教学。一年级培养学生听说读写基本技能，二年级开设学科英语，三年级开设考研英语或者通识英语。大学英语教师团队行动研究要以对教学目标、教学模式和课程设置有清楚的认知为基础，这也正是行动研究中的第一步骤——计划，第一发展阶段顺利完成才能保障行动研究中的行动、考察、反思顺利有效完成。

（二）进一步深化教师的专业发展意识

教师专业发展意识是指教师本人基于教师自身专业素质的现状、根据本专业发展和社会发展的客观要求，形成的对自己未来专业发展目标、规划和思路等自觉的明确认识。作为教学工作的主体，教师要想成为一名合格的教学专业人员，要想在长期的学习过程中取得理想的效果，需要以教师的工作热情等内部驱动力为基础。这时，教师专业发展意识就凸显出了其重要性，只有具备专业发展意识的教师，才能够产生内在的专业发展需求，从而获取专业发展，否则教师专业发展就会遇到挫折，也达不到预期的效果。

自我意识在人的认识客观世界与主观世界中起着极为重要的作用，这是毋庸置疑的。因为自我发展意识是基于人的内在需求而产生的，具有动力作用，在它的作用下，个体的活动才称得上是实际意义上的实践活动，此时它成为人的一种自觉的活动，从而建构起个体内部的意义世界与逻辑结构。教师的专业发展意识在教学伦理上可以增强教师专业发展的责任感，使教师时刻保持一种向上的生活常态，并能对自己的教育教学实践进行主动反思和客观分析，在知识结构和专业结构方面找出自己的不足，从而认清发展方向和目标。

有人曾就教师专业化问题做过调查问卷，结果显示，把教师工作当作一项职业的比例很小，而且随经济的发展状况的不同而有所差异，越是发达地区，教师的事业感越弱，越是贫困地区教师的职业感越强。教师在实践中通过创造性地运用教育教学理论、研究和解决不断变化着的教育教学实践中的具体问题，改进并提高教育教学的水平和质量。其主要目的在于提升学校情境中教师教学与学生学习的品质，支持教师有效地应对实际工作中的挑战，并以一种反思的方式，不断创新，走出困境。

（三）有利于加强教师队伍建设

大学英语教师团队建设中每位教师需要承担不同的角色：（1）带头人应为英语专业的专家，具有较深的学术造诣和创新性学术思想，长期致力于本团队课程建设，坚持在教学第一线为本科生授课，品德高尚，治学严谨，具有团结、协作精神和较好的组织、管理和领导能力；（2）负责教学工作的教师应该了解英语专业的发展现状，追踪英语专业学术前沿，及时更新教学内容及教学方法，教学手段先进，引导学生进行研究性学习和创新性实验，培养学生发现、分析和解决问题的兴趣和能力，同时在教学工作中有强烈的质量意识和完整、有效、可持续发展的教学质量管理措施，教学效果好，无教学事故；（3）负责教学研究任务的老师应该积极参加教学改革与创新，参加过省部级以上教改项目，如面向21世纪课程改革计划、新世纪教学改革工程、国家级精品课程、教育部教学基地、国家级双语课程改革、实验教学示范中心等，获得过教学成果奖励；（4）教材建设成员需重视教材建设和教材研究，承担过面向21世纪课程教材和国家级规划教材编写任务，教材使用效果好，获得过优秀教材奖等相关奖励。此外，大学英语教师团队中的成员应该是在素质、技能等方面优势互补的群体，他们可以在教学和科研上相互取长补短，从而促进整体师资队伍的素质，合作完成教学和科研水平的提高。

（四）保证教师发展的持续性

行动研究是一系列动作持续循环的研究过程，即计划、行动、考察和反思。大学英语教师团队建设中要有持续性，教师团队要实现梯队建设，教师发展要保持连续性，不能在中间断开。

大学英语教师行动研究最重要的意义在于它把教育看作一个整体的实践过程，教师要把课程、教材、教法、学习过程、学生需求和评价有机地结合在一起，从人的需求和发展出发，分析问题和解决问题，促进教育的改进和学生的发展。大学英语教师团队建设过程中要考虑到成员的年龄、学历、职称、科研教学水平，并在团队中建立一到两名后备教师来保证教师团队的持续性、交叉性以及完整性。

（五）有利于教师更加清楚地认识自己

行动研究中的第四步骤是反思（Reflection），大学英语教师团队建设中教师应该对教学实践进行反思，对讲授知识进行反思，从而促进研究的进一步发展。行动研究是教师专业发展的有效途径，而教师的专业化发展的关键环节就是反思。教学过程是教师自我反思、自我教育、自我改进的过程。

在大学英语教师团队建设过程中开展教学研究，教师通过积极观察，发现自己的长处和不足，勇于尝试新的观点、方法和技巧，反思教学中存在的问题，思考在现有的条件下如何解决这些问题，力求改进现状。大学英语教师要通过反思保持对专业的积极进取的态度和对专业发展的高度敏感性和热情的关注，在团队中总结经验，互相促进提高，合作完成共同的教学目标，才能提高教师整体教学科研水平。

（六）提高教师的专业知识与技能

基于教师专业发展的教育行动研究赋予了教师新的角色，不仅可以改变教师在教育教学中的被动地位，使教师与专家教授之间的关系明显改善，也使教师在自己的实践活动中不断反思、总结经验，进而提升个体的专业教育素养。

1. 教师行动研究是其专业知识与技能提高的基础

在《课程研究与编制导论》一书中，斯滕豪斯提出教师专业发展有三个途径：①通过系统的理论学习；②通过研究其他教师的经验；③在教室里检验已有的理论。后两条途径都涉及"研究",也就是说,行动研究是教师专业发展的一条可行的途径。教育行动研究是针对教师教育生活的,是在教师教学活动中开展的,它注重解决教学实践中的实际问题,贴近教师的实际生活常态。可以说,行动研究与教育教学活动是互相渗透的,二者统一于教师的专业发展。

教师行动研究的开展及其研究对象是教育教学活动中遇到的实际问题,而且也是教师面临的、急需解决的有实际意义的问题。这些问题的解决无疑与教师自身教育素养的提升有重要关系。行动研究作为一个新的教育活动生长点,它的开展将会引起学校以及教师教学方面的一系列变化。教师个体的专业知识的发展不仅仅是理论深度的提高,更是一种知识及其结构的拓展。同时行动研究的开展也为教师专业技能的发展提供了一个实践平台,在行动研究的活动过程中,教师改变以前的传统角色,他们参与教学研究,为自己在实践活动中遇到的问题提供答案,在这个过程中,教师的研究能力以及驾驭课堂的能力都会因此得以提高。

与外在性组织、制度性约束下的专业发展不同,教育行动研究是从教师内在的方面来促进教师的专业发展的。因此,它促进教师教学行为的改进不仅包含理智因素,也包含情感因素,同时调动了教师的内在需求与创新热情。问题的解决实际上就是一种创新能力的培养,特别是教师能解决之前没遇到的问题时,就是一种创新的体验,而实际问题的不断解决,就能对教师的专业发展产生实际效果。教育行动研究使得教师在具体的研究工作中,加深对理论的理解和辨识,分清理论的优缺点;更完善地了解和更准确地把握教育教学情境,敏锐地洞察教学情境中的具体问题;形成改进教育、教学实践的方案或措施,促进实际教育、教学工作的合理、科学有效地开展。同时,教师在行动研究过程中会不断地纠正自己的错误观念,促进自己的知识思维力的提升。

2. 促进教师专业知识结构的完善

一般认为,教师专业知识结构包括普通文化知识、专业学科知识、一般教学法知识、学科教学法和个人实践知识。前几种知识是我们所熟知的,也是教育教学所强调的,但对于个人实践知识却是个盲区,这是由于我国教育传统被教师与教育人员忽视所造成的。而个人实践知识是教师在自身的教育教学实践活动中日积月累建立起来的,由于其属于缄默性知识而被排斥在人们的视野之外,其实恰恰是这类知识才是最具实际效力的。而这种缄默性知识很难通过外在的形式和直接教学来获得,它只能由实践者本身在实际情境中去"体悟",这就更说明了实践性知识在教师专业发展中的重要性。而且这种知识产生于处理复杂性和不确定性情境过程本身,以及相应的行动反思中。

行动研究在实践性知识的获得上无疑是一个重要途径,因为行动研究的主旨是把理论和实践紧密地结合起来,把研究整合到教育情境之中,使理论能够在教育实践中起作用。教师专业发展不仅要求教师学习已经系统化的教育理论和方法,而且要求教师探索和学习处于深层次的专业知识,这与教师的实践密不可分。它需要教师结合实际教学情境去主动建构和反思,从而实现理论和实践的结合,建构出具有鲜明个性特征和实践特征的个人实践理论,完善教师专业所需要的知识结构。

3. 提升教师的专业技能和综合素质

以往教师一般只重视理论知识的学习,而且也是局限于专业知识的学习,对具有教学艺术的教育学、心理学也未能给予足够的重视,即使是培训,通常也只是在保证正常教育教学活动情况的前提下利用一些零碎的时间向教师介绍新的教学方法和教学材料。由于传统因素以及教师自身的原因,他们没有足够的时间和活动来有效地将这些新知识消化并有效地运用于教学实践中。而教师通过行动研究则可以亲自验证理论知识的有效性,并通过正确的理论指导解决实践问题来改善教师的问题解决能力,促进其专业的发展及专业素养的提高。

另外，行动研究也提高了教育管理者的专业能力，校长可以鼓励并评价教师在学校内进行的行动研究，推动教育事业的积极变革。通过行动研究，教师不但可以检验他人的假设，而且还可以在自己的行动中提出自己的理论假设，并在行动研究中不断反思从而提升自身的专业技能，延伸教师的知识与技能领域。而且教育行动研究也证明，教师积极参与研究，不但可以有效获得专业知识，还能够成功地致力于专业问题的解决，而这种专业知识的获得、教学能力的提高将大大促进教师专业技能与综合素质的发展。

第四节 ESP 教师行动研究实践及其创新

一、ESP 教师行动研究的基本模式与步骤

（一）诊断或发现问题

行动研究者坚持用批判的态度对待每一个看似平常的问题，并进行探究分析，了解社会情景状况，发掘问题。

（二）初步研究分析

对发现的问题进行初步讨论，务求做到各抒己见，集思广益。可能的话，研究者、教师、家长或各有关人员应组成研究小组。讨论的结果可成为拟订总体行动计划的重要意见，搜集、阅读相关资料，进一步明确研究问题的本质与现状。

（三）拟订整体计划

这是行动研究的蓝图，较重视全盘设计。设计强调灵活性、能动性和开放性，以适应没有预计到的制约因素。同时强调行动中的反馈信息，以便对整体计划进行修订和完善。

（四）制订具体计划

把整体计划进行分解和具体化，制订出具体的行动方案。

（五）行动

一方面按照计划进行实践探索，另一方面观察、记录和评价具体行动研究过程中的各种情况。

（六）评价行动研究

这是整体行动计划的总结。总结可以包括两个主要部分：一是对所研究的问题提出结论，即分析行动研究是否完成目标任务；二是对整个行动研究的计划、策略、步骤等进行分析、反思和批判，为下一个（循环）计划进行准备。前一部分是有关行动研究目标的成效检讨，后一部分是有关行动研究本身做出的评价，如弄清楚研究过程中所遇到的问题和限制。

二、ESP教师行动研究的具体操作

（一）确立课题

1.构成行动研究过程的基本步骤是：发现问题、分析问题、确立课题。要求：开口要小、开掘要深。

（1）回顾目前的做法，确定一个问题；

（2）确定需要探讨的某些方面，思考解决方案；

（3）探索方法，实施解决方案；

（4）观察其影响，并对将要发生的事进行预测与判断；

（5）监督整个研究过程；

（6）根据评价结果调整实践方法，及时修正不正确的做法，尝试另一种新的方式；

（7）为下一步研究方案进行计划。

个人实践的潜力是研究工作整体的一部分，如何通过教育的发展进行研究？

首先要确定你想做哪方面的调查，重要的是专注于某个方面，清楚哪些方面你可以做；其次，注意研究的重点可能会有所变化。研究的问题可能有些复杂，但尽可能简单化，随着时间的推移问题会渐渐地迎刃而解。

2. 教师在研究过程中可能会提出这样的问题，"我怎样才能改善与同事的关系？"也可能会变成"我怎样才能改善我的教学？"

（1）关心的是什么？倾向参与什么样的研究问题？是否可以收集到相关信息？

（2）什么解决方案？应该如何去收集数据？可以使用哪些技术？

（3）如何考虑怎样才能实现解决方案？如何监测行动？如何观察和描述发生的事物？

（4）如何评价解决方案？如何以成功的标准对数据的意义进行验证？观点是什么？

（5）如何修改自己的行动和思想？如何以自己的实践影响他人？

确定研究重点，意味着制订研究问题的计划。行动研究的问题是"我如何做……？"之类的问题。问题通常采用的形式是"我该如何改进……？"研究的重点是在你所处的情况下，你认为可以采取的行动。

行动研究的开始，根据你的工作情况决定什么可以做什么不可以做。开始一个行动研究项目涉及战略规划，并有可能激励你更加活跃地参与社会活动。干预不仅涉及最初的问题"该做什么？"更涉及战略问题"可以做些什么？"涉及认识的局限性以及潜力。

（二）查阅文献

分析现状进行文献综述：我应该如何去收集数据？我可以使用哪些技术？我能想象出什么解决方法？

在项目的早期阶段，你会发现，文献查阅等所收集的数据其中大部分将于稍后被丢弃。然而，在开始的时候，重要的是不要拒绝任何可能成为有价值的数据的数据。

（三）制订方案

标题、绪论、目的、假设、对象（范围）、方法（步骤）、资料（信息）、物质保障（经费、环境、设备、设施、人员等）、时间、参加人员及能力分析、人员分工等。

（四）实施行动

（1）假设的设立及验证。借鉴应用实验假说。教育研究的假设有别于自然科学实验假设的设立，不能通过科学观察和实验直接进行观测。

（2）研究措施与资料（信息）的收集、处理、综合。观察、问卷、调查、实验。

（3）及时反馈、多方反思、不断校正。比如，课堂教学最优化、学习过程优化、最佳作用点、最佳作用时机。记录研究关键时刻的重要实例。该场景可以是一个工作场所，公交队列，一个教室，一个家。旨在记录行动的重要方面，比如，两位同事今天有不同的观点，所以设立一个调解的策略，以避免进一步争辩。

（五）总结反思

对研究资料进行整理、分析、解释，做出推论，并对研究进行反思与评价，为新一轮的深入研究做准备。

作为一组织框架内的行动研究反思周期的意义在于：可以变成新的行动研究周期，作为新的调查领域的开始，尽可能制订一系列循环发展的实践过程。这一过程可以作为一个螺旋式的循环周期，即其中一个问题是另一个问题的基础，当一个问题解决了，新问题也就产生了。记住，事情并不经常是在一个简明的、线性的方式下进行。大多数人的研究经历是一个曲折的过程，因此，要不断检查和重新调整。教师的工作不仅仅是传授知识，还应对教学与研究的挑战，并鼓励自己挑战他人的假设，不应轻易接受他人的观点；有信心使自己的思想在实践中转变，通过系统化的行动研究改进个人的工作方式，并在行动中形成反思，更好地总结前人的经验，反思自己的做法，寻求一条适合学习者的教学方法。

（六）评价效果

（1）用科学工具、量表进行严格的测量。

（2）用期中期末考试成绩测量。

树立正确的评价观：动态评价、发展评价、潜能评价、实践评价、态度评价等。

三、教师专业发展与课堂创新

教师的专业发展是伴随其一生的过程，特别是在新的历史条件下，随着社会的进步、教育的发展，人才素质问题也越来越受到人们的关注和重视，作为教育活力的组织者，教师在学生的教育和发展中起着主导作用。无论是现代知识观、教育观、学习观、学生观的确立，还是教育内容、教育方法和手段的改革，必须体现在教师的专业素质和专业能力的提高上，并通过教师来实现。研究课堂创新是对学生和课程的需要提供必要的细节。

当创新想法运用到实践中，教师将会意识到创新可带来惊人的变化，创新应是教师教学的主导思想，在课堂上进行创新，引导学生达到预期目标，以创新形式计划教学解决方案，如果学生学习思维不能跟上我们的教学形式，可发现他们的思想、学习态度，并调整我们的教学，以适应学生。学会这样一种方式，可更好地了解学生，清楚如何教。

教师课堂创新的主要目标应以实施教学和获得学生良好的响应为准则。进行行动研究的教师最受关注的是创新热情和态度的改变。

（一）创新观念

当前主要有四个教育创新的观念：（1）制度创新；（2）实践活动创新；（3）专业互动创新；（4）教师发起的行动研究创新。这些不是排他性的，而是一个重点问题，创新受人员、地点、原因以及时间的影响。

1. 作为制度创新

"制度"创新的观点是一种文化的体现，它包括知识、价值观、信念和态度，这一制度间各个因素相互作用与影响。也就是说，创新者必须寻求方法去理解制度创新的总目标。

2. 作为实践活动创新

第二个创新的观点是关于外语教育背景下的创新。根据英国、加拿大等丰富的创新经验，倡导创新是关注人的问题，而不是物质利益，意识形态下的责任制，创新是一种"运动"，是"信念的推动"，是激励他人采取行动，以改善他们的做法。中心主要是推动和敦促教师有责任和义务进行"专业持续发展的动力"。这种观点涉及教师的整体教育思想、学习的期望与创新。

3. 作为"专业互动"的创新

研究方法的辩证方法和专业学习意味着互动与对话，这两个概念在语言学习方面是有用的。在语言教师的教育方面，特别是在 ESP 创新和教学的背景下，参与互动是"教师专业发展的关键因素"。同样，ESP 课程创新只能通过教师和学生相互交往的方式下得到根本性的转变。此外，互动是了解现状与事实，可能会改变教师的观点，使他们变得更明智。

在行动研究中，互动被用作各种对话的总称，至于对话通常被定义为"任何两个或两个以上的人的谈话"。在这项工作中，对话是有计划、有意识解决问题的互动。正因为如此，对话可以是问自己的问题，同时反映一个真实的对话也是通过相互讨论而寻求新的想法。

"专业互动"的概念也可以说是在研究中寻求创新。此外，在研究和创新中"持续的互动"涉及多个研究人员之间在不同阶段的研究交流，在实施研究过程中，这一概念被证明具有潜在的好处。"专业互动"和"持续的互动"的概念，可通过小组精心策划进行讨论来获取观点。

（二）创新行动研究方法

一般来说，促使教师在自己的工作范围内开展研究的方法主要有以下三种。

（1）提高自己的个人和专业发展。

（2）支持同事的发展。

（3）参与教育创新。

第八章　高校教师专业发展的途径研究

时代的进步对英语实用性的需求变得更加重要，要想使英语有助于学生未来的职业生涯，英语教师要转变思路，调整自己的学习态度，重视自己的专业发展。本章主要阐述的是教师专业发展的途径。

第一节　反思性教学

一、反思性教学的概念

反思性教学又称"反思性教学实践"，这一概念源于美国著名教育家杜威（J.Dewey）的反思性思维概念。他认为，实践者对支持其行动的任何信念和假定性知识进行积极、执着和审慎的思考。美国教育家唐纳德·舍恩（Donald Schon）在其著作《反思性实践者：专业人员如何在行动中思维》中提出能够促使从业者专业能力提高的并非是外来的研究性理论，而是从业者对自己的实践行动以及内隐其中的知识、观念进行的有意识的思考，并把这种思考的结果回馈于行动之中，使之得以改善。

教学反思是指教师在教学实践中，批判地考察自我的主体行为表现及其行为依据，通过观察、回顾、诊断、自我监控等方式，或给予肯定、支持与强化，或给予否定、思索与修正，将"教学"与"学习"结合起来，从而努力提升教学实践的合理性，提高教学效能的过程。熊川武将反思性教学定义为教学主体借助行动研究，不断探究与解决自身和教学目的以及教学工具等方面的问题,将"学会教学"与"学会学习"结合起来,努力提升教学实践的合理性,使自己成为学者型教师的过程。反思可以使教师从冲动、例行的行为中解放出来,以审慎的、意志的方式行动;可以使教师从教学主体、目的和工具等方面,从教学前、中、后等环节获得体验,变得更加成熟。

反思性教学是一种可以获得和发展的技能,美国心理学家波斯纳(G.J.Posner)提出了教师成长的一个简洁的公式:经验+反思=成长。这表明了教师的成长与发展需要持续不断地反思已获得的教学经验。反思不仅仅通过回顾、诊断等方式给予肯定、强化或否定、修正的课后反思,更包括教学前认真审视教材,精心设计教学环节,对教学进行预测与分析;教学中边教学边反思,及时得到反馈,及时做出修正。ESP教师反思自己的教学实践获得"实践性知识",继而将"实践性知识"用于ESP教学实践,持续反思,再实践反思,循环往复而发展。

二、反思性教学的特点

反思性教学具有主动性、反馈性、调节性、有效性、实践性、个体性和过程性的特点。

主动性指教师自己独立地、主动地探究思考教学现象、问题和解决办法,以批判的眼光审视自己的教学行为、态度、情感和价值观。

反馈性指在实施反思性教学过程中,教师对其教学实践活动进行回顾和审视,作为批判性反思与进一步调整教学的基础。

调节性指教师根据各种反馈信息,对教学目标的设定、教学安排、内容、方法的选择、评估方式等进行有针对性的调整与修正。

有效性指教师使教学效果最具有合理性和有效性。

实践性是指教师在具体的实践操作中提高教学技能,需要教师在发现问题后及时采取相关的教育或教学行为,对当下的非理性的行为或观念的纠偏和完善。

个体性指教师既是反思的承担者，又是反思的对象。教师凭借自己的体验来进行对自身目前的行为观念的解析，具有别人不可替代的个性化特征，有形成个性化教学模式的可能性。

过程性一方面指的是教师的反思是一个具体的过程，需要经过意识期、思索期和修正期这三个阶段；另一方面指的是反思行为伴随着教师的发展过程。

三、反思性教学实现的基本条件

（一）教师个人应具备的条件

教师个人应具备的条件：具备反思意识；具备一定的知识基础：具备相应的能力；需要情感支持；掌握有效的策略。

1. 具备反思意识

具备反思意识是教师进行反思的前提条件。

2. 具备一定的知识基础

反思性教学要求教师根据具体的教学情景创造性地运用教学方法，创造性地解决教学中出现的问题，这都离不开教师的专业判断，而正确、准确的判断需要教师有文化素养、专业知识和教育科学知识来丰富看待问题的视角。

3. 具备相应的能力

完成反思性教学需要较强的课堂观察能力、思维能力、语言文字表达能力和人际交往能力。

4. 需要情感支持

反思过程是一个情感与认知密切相关且相互作用的过程。情感因素为反思提供动力支持，主要涉及的情感因素为责任心、进取心、勇气和意志力。

5. 掌握有效策略

需要掌握进行教学反思时所运用的一些方法、程序、技术和操作策略，以行动研究最具代表性。

（二）环境条件

1. 物质环境

反思性教学的物质环境主要是指教师的办公条件、学校图书、电子资源及摄像机、录音笔等。

2. 文化环境

教学反思需要文化氛围的支持，建设"以教师为本"的文化氛围，创设有利于反思性教学的情景氛围，发展合作型教师团队，提供专家指导并谋求发展性评价。尤其要杜绝缄默文化、个人主义文化和隐私文化。

在中国传统文化中，教师一般具有"孤芳自赏""文人相轻"的性格特征，它们所折射出的教师人际偏爱是独处和界限。缄默文化指教师在长期的孤立工作环境中容易养成保持寂寞的习惯，容易泯灭提出批判性问题的冲动。个人主义文化指采用有悖于集体主义的管理制度和评价系统，从时间、空间和奖惩制度上孤立教师之间的合作。隐私文化指学校内部由于不恰当、不公平的恶性竞争使同事关系紧张，教师相互封锁防备，缺乏透明竞争和公开对话。

四、反思性教学的方法

（一）写反思日记（志）

反思日记（志）是教师对自己教学活动中具有价值的各种经验以及在此基础之上所进行的批判性的理解和认识给予真实性的文字记录和描述，是自我监控最直接的方式。通过撰写反思日志，教师可以记下教学中的闪光点或灵感、教学中的改革与创新、教学目标的达成度、效果较佳的教学策略、失败的教学策略、教学的成功之处、教学的失败之处、"突发"事件或灵感、学生的见解、学生的问题、教学设计的科学性、课堂交流的状况、学生的感受、教师自身的感受等进行全方位的反思。

反思日记的形式可以有多种：点评式、提纲式、专项式和随笔式等。教师可以根据自己的喜好和风格选择甚至自创形式。

反思日记也不仅限于纸质的日记，随着教师信息素养的提高，教师可以采取电子文档、博客、个人主页等更有助于保存、交流和整理归纳的方式，成为今后教学研究的一手的、直接的素材。

（二）课堂录像、录音

教师只凭借自己的回忆和日记或许对课堂的记录不能做到十分客观准确，用摄像机把教学过程录制下来能起到"照镜正衣冠"的作用。课后教师浏览自己或其他教师的授课录像，可以发现一些平常不曾留意或重视的细节，也可作为反思最直观的资源。

课堂录音更加简便，对于语言课堂案分析教师或学生的语音、语法、词汇等方面都可提供翔实的一手资料。

（三）同行之间观摩教学、协作性反思

不一定只听专家型教师的课，也要听其他教师的课。将讲课者课堂行为与自己的相比较、对照，取长补短，从而提升自己。条件达不到的时候也可观摩其他教师的录像、录音。教师可充分利用慕课、微课等教学观摩的绝佳资源，并在观摩中和观摩后撰写观察笔记。

开放自己的课堂，让同伴成为反思的眼睛，欢迎、邀请其他教师来听课、评课，观看自己的课堂教学录像，虚心听取别人的建议和意见。

也可与同事合作进行协作性反思，可以启发个人的思维，激起多维的、深层的思考。

（四）收集学生对教学的意见和建议

学生是"学"的主体，学生对教学效果、方法、模式等是最有发言权的群体。教师对达到学生的期望，得到学生的喜爱有着自然的向往。收集学生对教学的意见和建议无疑可以让教师直接调整自己的教学来适应学生的需求。教师收集学生对教学的意见和建议最大的担心莫过于学生不说真心话，教师可以

从以下几方面入手来消除这个担心：努力创造平等、相互信任的师生关系；采取匿名征求意见的方式；将征求意见穿插到教学环节中；让学生通过邮件、QQ、微信、博客等方式发给教师；与一些学生座谈、面谈等方式。另外，及时总结研究学生的作业、测验也可得到反馈。

第二节 构建虚拟社区

一、虚拟社区发展现状

虚拟社区源于 BBS，其产生有以下几个条件。

第一，信息技术为虚拟社区的形成提供了物质技术支持。

随着信息技术、网络技术的发展，越来越多的人使用聊天室、论坛、博客等工具结识朋友，探讨问题，共同学习，组成社区，在网上进行互动活动。

第二，虚拟社区为人们的情感交流提供了可能。

人只有在与他人的交往与交流中，才能找到自尊，找到归属感，增加自己的身份认同、文化认同、民族认同等。网络本身所具有的非权威性、平等性、公开性以及文化多元性等特征为人们交流互动提供了一个新的媒介。在虚拟社区中，每个人在网络上的交往都是以文字为载体的非直接交往，是虚拟的。这种交流与互动超越了时空，为人们进行情感交流提供了可能，人们获得了一种社区意义的亲密感情。

第三，虚拟社区满足了信息时代人们的求知欲望和终身学习的需要。

信息时代，知识本身的更新速度可谓日新月异，为了适应新技术的发展和工作的需要，人们必须不断学习新知识、更新旧知识，这样才能跟上社会发展的步伐。信息时代已经成为终身学习的时代，人们不仅可以从网上获取信息，而且还在网上建立各种各样的社区，进行工作、学习体验和感悟的交流。

第四，虚拟社区成为网络学习和远程教育的一个发展趋势。

网络数字化学习与虚拟社区的结合构成的虚拟学习社区，既弥补了传统课堂教学与学习者之间互动的不足，又克服了在线学习的孤独感。与传统的学习方式不同，网络环境下的学习是一种个性化的学习方式，学习者可以根据自己的学习需求独立地学习网上的学习课件或资料，在学习过程中可以向同伴和老师寻求帮助，共同探讨问题，互相交流学习体会和感悟，实现资源共享和情感交流，消除了个性化学习带来的弊端，从而有利于提高学习效率。

二、构建虚拟社区的意义

1. 随着网络多媒体在大学英语教学中的广泛应用，亟待研究新的教学模式，尤其是网络环境下教师发展的新的构建模式

多媒体网络技术的发展为大学英语教学改革提供了难得的发展机遇，促进了大学英语教学的进一步发展，大学英语教学质量得到很大提高，但是学校投入的资金并没有获得较为合理的投资回报，网络环境下英语教师发展问题仍是一个崭新的领域，很多关键的框架性问题模糊不清，信息化条件下教师发展模式还未完全建立，因此，我们需要研究信息化条件下英语教师的发展模式并探究其规律。

2. 研究虚拟学习社区发展规律，提高信息化条件下学习的效率，促进英语教师的专业素质发展

高校英语教师之间的互动和协作将是网络学习的主要特征，虚拟学习社区将是信息化条件下高校英语教师发展的主阵地。传统的英语教师发展模式已经不能完全适应新的学习环境，如何在虚拟社区学习环境下，通过教师之间的互动与合作，使英语教师的专业素质得到发展需要深入地研究。

3. 以知识管理和 E-Learning 相结合的视角研究虚拟学习社区的学习理论，进行前瞻性研究，以促进其改进的方向

基于网络的 E-Learning 学习应用相关模式，如基于问题解决的模式、研

究性学习、协作性学习等学习方法和模式，都可以引入虚拟学习社区中；而虚拟学习社区又可以为这些学习方法和模式提供更好的支持。因此，利用已有的 E-Learning 的理论成果指导虚拟学习社区的学习有着重要的意义。

互动学习社区里的学习目的，是通过教师之间的交流、互动和合作，发挥教师自己的主观能动性，共同促进知识的建构，增长教师共同体的知识，从而也有利于教师个人专业素质的提高。这实际上就是一个知识管理的过程。知识管理强调知识的共享、隐性知识的重要性，同时也强调知识实践和知识创新。知识管理和 E-Learning 的结合为高校英语教师虚拟学习社区的研究提供了新的视角。

三、虚拟社区与在线学习结合——虚拟学习社区

（一）虚拟学习社区的概念

虚拟学习社区是具有共同兴趣及学习目的的人们组成的学习团体在互联网上构建的虚拟学习环境。他们利用多种网络通信工具，通过相互间的交流、互动、讨论和协作等多种学习方式，共享彼此的观点、思想、资源知识、学习经验和集体智慧，从而促进知识建构和个体智慧的发展，达到学习知识和促进自身学习能力发展的目的。

在虚拟学习社区中，社区所有的成员有着共同的利益，都有创建和维护社区的权利和责任。虚拟学习社区通过虚拟空间，克服时空和区域的局限，可以提供一个方便的、有明确学习目的的多用户学习环境；便于学习者、教师与其他人的交流和合作，以及专家对学习者、教师的学习进行评价。

（二）虚拟学习社区的功能

将虚拟学习社区运用到高校英语教师发展研究主要有以下几方面原因。

1. 人们学习的 70% 的知识来自非正式教育

虚拟学习社区通过网络为教师学习提供了合作、学习交流的空间，扩大

了教师学习的时空,从而有利于教师的终身学习。

2. 有利于隐性知识的获得

隐性知识很难获取、编码和传递,也很难通过传统的正式教育、培训和独立的在线学习获取,虚拟学习社区为教师隐性知识的传递和共享提供了一种途径,有利于教师认知能力和元认知能力的提高,从而推动教师专业素质的提高。

3. 整合英语教师专业发展的多种途径

在构建面向高校英语教师专业素质发展的虚拟学习平台时,要体现教师教学讨论、教学专题研讨活动、优秀教师教学展示活动、开展教研组活动等功能。而目前一些网络平台只提供课程资源的共享功能、教学科研论文的下载以及论坛功能,尚未将教学研究专题活动、优秀教师教学展示活动、专家评价活动等整合到一个平台上,不利于高校英语教师专业素质的发展。

4. 在线学习与虚拟社区的结合

虚拟学习社区是一种目的性更强的虚拟社区,是在线学习与虚拟社区的结合。虚拟学习社区与在线学习的主要区别在于:在线学习关注的焦点是学习内容,而虚拟学习社区关注的是教师与教师、教师与专家之间的互动。

虚拟学习社区是虚拟社区和新的学习模式的结合,学习是社区成员的共同兴趣,参与者在社区中要承担一定的角色,如管理者、学习者、指导者、助学者等。社区成员资格取决于学习环境、社区类型和目标。虚拟学习社区还意味着学习不仅仅要注重学习结果,而且更加注重学习过程,如小组学习、元认知学习等。学习者可以更加灵活地选择自己的学习方式,如基于任务的学习、基于项目的学习等。

基于以上因素,虚拟学习社区可理解为:在学习过程中,通过互联网虚拟媒体空间,一组共享语言和价值的人们基于一定的教学策略而进行交流与合作的学习。

（三）知识管理与虚拟学习社区

1. 隐性知识管理理论

构建面向高校英语教师专业发展的虚拟学习社区必须遵循知识管理理论。迈克尔·波兰尼（Michael Polanyi）在20世纪50年代提出隐性知识（Tacit Knowledge）的概念，并且最早对隐性知识做了较为系统深入的研究。他认为人类的知识有两种：一种是用书面文字、图表和数字公式等加以表述的知识，这种知识被称为显性知识；而另一种未被表述的知识，如我们在做事情的过程中所拥有的知识，这种知识被称为隐性知识。高校英语教师发展需要吸取教师的成功经验和相关的教学技能和策略，这些知识都属于教师的隐性知识范畴。

教师的隐性知识主要有以下三种。

（1）基于身体的隐性知识。这种隐性知识多植根于人类身体技能的运用或对于工具的使用。这类隐性知识必须经过反复的亲身实践和体验才能获得，如教师在课堂上对计算机的操作技能、课件的演示等，在这些活动中表现出来的操作技能及艺术技能都存在大量的隐性成分。

（2）基于言语的隐性知识。人类的语义中包含着隐性知识的成分，主体间沟通的上下文背景（语境）也存在大量的隐性知识。

（3）基于认知个体元认知的隐性知识。这种隐性知识体现为个体的心智模式、解决问题的方法、直觉、情感等方方面面。这类隐性知识一般通过师徒传授的方式获得。

2. 在虚拟学习社区中运用知识管理技术

（1）充分开发和利用显性知识和隐性知识

在虚拟学习社区中运用知识管理的关键，就是要充分利用和开发各种形式的显性知识和隐性知识。虚拟学习社区中的显性知识主要来源于各种媒介以及个人或项目组的成果。虚拟学习社区的成员可以随时随地访问这种显性知识，从而达到资源共享。而隐性知识隐藏在个体的价值观、经验和文化中，要共享这些隐性知识非常困难；但没有隐性知识，就很难做到知识创新，隐性知识是知识创新的源泉。

（2）运用虚拟学习社区的各种工具和手段

技术被认为是管理虚拟学习社区显性知识的有效工具，虚拟学习社区在建设时要充分考虑 Web 2.0 技术所具有的交互功能，如博客、播客、论坛、SNS、WIKI、TAG、搜索引擎和导航等技术，强调学习者彼此的信任感、身份认同、学习承诺以及相互协作的欲望。

要建立虚拟学习社区成员之间的和谐协作的关系，增强社区成员的身份认同，可以利用过程管理和空间管理两种手段。

过程管理是指创建支持学习的组织机构和实践活动，以便鼓励虚拟学习社区的学习者更方便地创建、共享和使用知识。过程管理可以包括引入鼓励知识创新和共享的激励机制，也可以包括引入新的标准和实践活动，以保证虚拟学习社区的每一个学习者都有同等的机会访问知识库。

空间管理是指创建一个有利的学习环境，帮助虚拟学习社区的学习者彼此熟悉和了解自己的学习同伴。在这样的情境下，学习者逐步形成一种共同的语言系统和对意义的共享理解能力，学习者随之产生身份认同、彼此信任、相互承诺和知识共享。

（3）虚拟学习社区的系统结构

虚拟学习社区基于浏览器/服务器（B/S）的三层体系结构，这三层体系结构分别为客户显示层、业务逻辑层和数据访问层。

客户显示层是为访问网站的用户应用服务的前台图形界面，有助于用户理解和高效地定位应用服务。业务逻辑层位于客户显示层和数据访问层之间，这个层次提供客户应用程序和数据服务之间的联系，主要功能是执行应用策略和封装应用模式。数据访问层是 SQL Server，用来定义、维护、访问和更新数据，并管理和满足应用服务对数据的请求；它采用 ASP 技术实现用户界面与 SQL Server 数据库的动态连接。

这样的体系结构可以实现真正的瘦客户端，具备很高的稳定性、延展性和执行效率。

第三节 校本培训

一、校本培训的概念

校本培训指充分利用校内外的各种资源，针对学校师资队伍的状况和教育教学改革与发展所面临的实际问题，由学校策划和组织实施的一种面向全体教师的在职教育活动。

二、校本培训与教师转型

学校可以先对大学英语教师进行调查，了解他们对其他具体专业的 ESP 教学的倾向和意愿，结合教师自身的优势和兴趣给出教师一些建议和导向，在尊重教师意愿的前提下可做出一些调整，形成几个不同方向的校本培训班，请本校或校外的该专业的优秀教师或专家担任培训者，以丰富多样的形式，如学术报告、经验交流、专题讲座、系列专题培训、课题研究和案例分析、课堂教学观摩等，从不同角度来满足大学英语教师对该专业、ESP 理论或实践经验的需求。

另外，也可开展系本教研，系本教研来源于校本教研，是将教学研究的重心下移，以教学过程中教师所面临的实际问题为对象，以教师个体为研究主体，教学专业人员共同参与的教研。注重系本研究可以通过以下多种途径实现：定期开展教研活动；发挥学科带头人的引领和带动作用，邀请知名专家做学术报告，选派骨干教师外出学习、参加学术交流，定期开展学术讲座，了解学科前沿动态；组织教师参加青年教师教学观摩比赛，提高英语教师自主学习意识；督促他们撰写论文，申报课题。在此过程中督促教师朝着 ESP 教师的方向努力。

三、校本培训的优点

首先，关注本校的实际需要，使教师所学到的教学技能理论迅速地与教学实践相结合，培训工作贯穿于教育教学工作中，针对性和实效性强。

其次，教师可根据自身的实际情况，选择培训方式，机动灵活。

再次，重新配置了教师在职培训系统中的各种资源，利用各校现有的条件开展培训工作，既节省了经费又解决了工学矛盾问题。

最后，培训者与受训者都是主动参与、地位平等的，双方可以互动学习，既可是培训者，也可是受训者，有利于教师积极性的发挥。

第四节　教师共同体

一、教师共同体的相关概念

（一）教师共同体

教师共同体是指以促进教师专业发展为共同愿景，以开放、协助互助、发展为核心理念，以教师自愿为前提，能为教师个体、教师整体以及学校教育和社会提供良好的发展环境载体的教师团队组织。

（二）学习共同体

学习共同体是指由学习者及其助学者（包括教师、专家、辅导者等）共同构成的团体，在学习过程中，他们经常相互沟通和交流，共享各种资源，共同完成学习任务，因而在成员之间形成了相互影响、相互促进的人际联系。

(三) 教师学习共同体

"教师学习共同体"本着自愿原则加入、有自己的规章制度和具体活动形式、成员之间具有较强的合作意识。是教师基于共同目标以及对所属团体的归属感而组织起来的学习团体，教师打破学科、专业界限，从不同角度表达专业意见、分享学习资源，互为资源，互为参考，相互促进，在探究式的相互学习过程中共同完成任务，并同时实现教师的转型。

(四) 教师合作

"教师合作"是指教师为了达到共同的目标，彼此协调、沟通而形成的相互帮助、互相依赖、互相提携、团结共进的联合行动，是双方为了完成某项任务，一起磋商、学习、工作的过程。通过教师之间的对话、研讨、交流和合作，实现教师教学水平的提高和专业能力的发展。

(五) 教师教学合作

"教师教学合作"是指在原有分科教学的基础上，通过不同层面和不同形式的合作，将各学科间有逻辑和自然联系的或者重合交叉的内容进行合理的组织调整或合理延伸，使它们能够相互补充，相互促进，从而实现教师的专业成长。

二、发展教师共同体所需要的条件

(一) 形成良好的教学合作氛围

很多教师研究表明，教师在工作中所体现出来的价值取向主要是个体价值取向，它使教师主动趋向于个人主义而远离专业合作。教师在职业生活中很少有集体的意识和思维习惯。教师的人际偏爱也给教师专业合作带来了不利影响。

针对现状就需要教师从观念开始改变，认识到合作的优势，培养"双赢"和"全局"的思维模式。学校内部有助于教师交流与沟通的组织机构，促进形成良好的教学合作氛围。具有不同的教育思想、教学观念、教学方法的教师如果能够开放自己，与同伴进行专业切磋、协调合作、共享经验、相互支持，就能实现共同成长和进步。

（二）构建教学合作的学校管理机制

政策引导和制度支撑是教师教学合作实施得以保障的两大关键因素。缺乏支持和支撑，教师之间的合作很容易在实际困难面前停滞不前或名存实亡。

（三）教师拥有研讨合作的时间、空间

大学英语教师课时多、教学任务繁重。校方需要为教师提供一定的政策机制和物质条件，为教师创造宽松的发展空间和自由支配的研讨、交流、反思时间。

（四）教师具有合作意愿、合作能力，分工明确

参与合作的教师对合作教学抱有积极的态度和共同的兴趣；确定合作教师各自的职责和合作的确切内容；合作教师愿意接受不同的教学思想和教学方法；合作的形式和内容能被合作教师所接受。

三、发展教师共同体的意义

在中国传统文化中，教师一般具有"孤芳自赏""文人相轻"的性格特征，它们所折射出的教师人际偏爱是独处和界限。教师职业普遍存在着的"专业隔绝状态"成为教师专业发展的障碍。团队一旦形成，团队成员之间互相关心和鼓励，在适当的环境中能极大地促进自我意识的觉醒，激发教学灵感。此外，团队的纪律可以约束个人的随性和惰性，有利于个人成长。和谐优秀的教学团队可以为教师的专业发展发挥智力支持、精神激励、榜样标杆和集体督促等作用。教师共同体对领域专家和优秀教师的引入，为教师的学习和专业发展提供丰富的资源，可以为教师个体提供学术性支持；创建教师对话交流平台，推动教师反思，有利于支持教师间的合作和人际交往。

第五节　高校联盟下的大学英语教师转型

高校联盟是指两个或者两个以上的高校之间，围绕某一共同的战略目标，通过一定方式建立的优势互补、风险共担、资源流动的相互合作的联合体。高校联盟属于高校校际合作的范畴，联盟介于合作与合并之间，是一种全方位的基于战略目的的深层次合作。高校之间随机性的、短期性的合作不属于高校联盟。

在西方发达国家，真正意义上的高校联盟至今已经有100多年的发展历史，它已经成为高校间合作办学的普遍模式，形成了非常成熟的运行机制。在我国高等教育大众化进程中，"高校联盟"出现于20世纪末，2001年成立的武汉地区"七校联合办学"联盟，主要项目即学生跨校选课，获得双学士学位；2005年成立的杭州市下沙高教园区"下沙高教园区教师互聘联盟"，以教师互评为支撑项目。2009到2011年这三年出现了一个高潮，组建了十几个直接以"联盟"冠名的高校校际合作组织。2009年10月中国9所首批"985工程"建设高校组成"C9联盟"，由此开始了中国高校的联盟热潮。

这些高校采用战略联盟的模式，有机整合高校间各种资源，有助于形成合力，从而提高抵御各种风险的能力，联盟使高校在开放中合作，在竞争中双赢，增强可持续发展的潜力与活力，提升学校的整体办学实力。高校联盟的合作支撑项目有很多内容，包括课程互选、学分互认、学生互送、师资培养、科学研究、硬件资源共享、国际交流与合作。

高校联盟内的高校间实现学生跨校学习后，将逐步实现校际教师互聘、课程互选、学分互认、设备互享、信息互通，构建多领域高水平的跨校合作模式。大学英语教学单位应依托高校联盟发展迅速的机会，推动大学英语教师适应改革的变化，结合自身的兴趣，做出某个ESP方向的选择。大学英语教学团队通过和本校各个院系的人才培养方案挂钩，使大学英语部门结合各院系的人才英语要求而开设课程。如果本校没有一些大学英语教师意向的 ESP 方向，大学英语教师可以借此机会，结合自身的兴趣，可以在联盟内的高校中更宽泛的范围内做 ESP 方向的选择，这样既可以形成教师个人教学和研究方向，建立跨校的教学团队，整合教学资源，又可以为联盟内各高校学生提供更大范围选课及交流的机会。在高校联盟依托下，知识共享、课程共享、教师共享和科研共享的平台下，大学英语教师迎来了转型为 ESP 教师的最佳时机和有利条件。

第六节 以发展性教师评价促进英语教师发展

一、促进英语教师专业化发展的机制

（一）培养机制

英语教师的培养机制是指有关教育机构培养英语教师的各种制度以及它们间关系的具体运作方式。在我国，承担培养英语教师任务的主要机构是师范类大学和学院。目前，由于英语教师地位的日益提高、英语教师资格证书制度的逐步实施，以及开放的英语教师教育体系的逐步形成等原因，非师范类大学毕业生的从教比例也正在逐步提高。因此，英语教师的培养机制不仅仅涉及师范类学校，在一定的程度上也涉及非师范类学校；同时，培养不仅仅是包括对未来英语教师的培养，也包括在职英语教师所接受的学历教育。

毋庸置疑，英语教师培养机制的完善与否，将直接影响到英语教师专业化程度的高低，因为从成熟的专业六大特征（专业知识、专业道德、专业训练、专业发展、专业自主、专业组织）来看，它是促进英语教师专业知识、专业道德、专业训练、专业发展的重要机制。

（二）培训机制

对英语教师的培训通常是由于社会和学科知识等方面的发展，现任英语教师应该进一步接受有关学科知识更新、业务素质提高等方面的再教育，不断"充电"，以更好地胜任教学工作。所谓英语教师的培训机制，也就是有关英语教师进修提高的制度以及它们间相互关系的运作方式。长期以来，我国英语教师的培养机制和培训机制一直是分开运行的，它们分别承担着培养英语教师和提高英语教师素质的职责。随着教育改革和发展的不断深入，以及英语教师职业专业发展理论和终身教育思想的不断影响，这种条块分割的格局正在被逐步打破，对英语教师的培养和培训正在逐步朝着一体化的方向发展。这种英语教师职前、职后教育的改革，无疑是为了形成一种更有效地促进英语教师专业发展的机制。"需要不断地学习进修"是专业化的重要指标之一。

（三）评价机制

当我们简要地了解了英语教师教育的两种主要机制——培养机制和培训机制，承认它们对英语教师专业化发展方面具有很大作用的同时，我们有必要对促进英语教师专业化发展的另一个重要机制——英语教师评价进行较为详细的分析。

从时间上来看，英语教师接受培养和培训的时间是非常有限的，而与英语教师教学生涯伴随始终的英语教师评价则要比它们长得多，况且，英语教师的教学是一门实践的艺术，英语教师教学观念的更新、教学实践能力的提高，在很大程度上是在学校的日常管理下的教学实践中不断完善的。也就是说，英语教师的专业自主发展是与学校的英语教师评价工作伴随始终的。从这点来说，英语教师的自我评价对于英语教师专业发展意义重大。

二、发展性评价——教师自我评价

（一）教师评价的特殊性

英语教师评价的特殊性主要来源于以下方面。

1. 英语教师角色的多样性

英语教师这一职业是一个多重角色的职业。在学校教育中，英语教师在不同的情境下，常常拥有多种身份，担任各种不同的角色。美国心理学家林格伦（Linglen）曾把英语教师的心理角色归纳为三大类：教学和行政的角色（包括教员、课堂管理员等）、心理定向角色（包括教育心理学家、人际关系的艺术家等）和自我表现的角色（包括学者、父母形象等）。由于人们对不同角色的不同期望，致使"人们普遍认为，英语教师这一职业，是角色冲突的一种典型情境"。这就使得我们在对英语教师进行评价时常常遇到不少困难——究竟是应从多种角色出发，还是应该突出某种角色。

2. 英语教师劳动的复杂性

英语教师的劳动是复杂的。这种复杂性主要表现在以下方面。

第一，英语教师的劳动是一种高级的脑力劳动（或者精神劳动）。一般来说，英语教师往往要在先掌握有关知识、能力和社会生活规范的情况下，才能起到帮助学生学习的积极作用，通过英语教师的言传身教、学生的积极学习，最终才能造就具有完美个性、德才兼备的学生。

第二，英语教师劳动的对象是具有个性的、正在迅速成长中的儿童和青少年。由于学生的个体性差异以及教育内容、教育环境的不同，英语教师的劳动应该是一种创造性的劳动。培养学生的创新精神，需要有创新精神的英语教师。

第三，英语教师劳动成果的集体性和综合性。学生所取得的成功和进步，很难说是具体哪位英语教师的功劳，每位英语教师的作用都是有限的。学生的变化是一种社会性的变化，相对于整个社会而言，学校英语教师的作用也只是家庭、社会、学校所起作用的一部分。

第四，英语教师劳动的成果显现是一个长期过程。即英语教师培养的学生是否满足了社会的需要和学生身心发展的需要，一般要等到经过社会的检验才能得出结论；另外，英语教师的劳动还具有时空的灵活性、劳动形式的个体性等特点。

3. 英语教师管理的特殊性

英语教师角色的多样性和英语教师劳动的复杂性决定了对英语教师的管理应该是一种特殊的管理；同时，也更应注意到英语教师在学校教育中所处的特殊位置。在学校教育最主要因素——英语教师、课程、学生中，学校教育的目的只有一个，即"促进学生的全面发展"。也就是说，最终目的是指向学生的，但要达到这一目的，如果离开了英语教师则是根本不可能的。

英语教师角色的多样性、劳动的复杂性以及英语教师所处地位的特殊性，决定了在对英语教师进行评价时，任何单一性的评价主体要想对英语教师做出全面而科学的评价是极其困难的。同时，从某种程度上说，也正是由于英语教师这一职业有这些特殊性，才从根本上决定了英语教师的职业应该是一个专业。

（二）教师评价的核心

自我评价是英语教师评价的核心，是英语教师通过认识自我、分析自我，从而达到提高自我的促进英语教师素质提高的一种内在机制，即它是一种英语教师专业自主发展的内在机制。英语教师自我评价对于促进英语教师素质提高的重要作用，表现在如下几个方面：

（1）众所周知，当代教育改革和发展的主题是全面推进素质教育，而素质教育无疑是一种主体性教育思想，其重要目标之一是要培养学生积极的自我意识。而要培养具有积极自我意识的学生，则首先必须具有积极的自我意识的英语教师。而我们的评价中，强调英语教师进行自我评价，则正是培养英语教师本身自我意识的最佳途径之一。我们强调英语教师的自我评价，将有利于英语教师在评价学生时，同样注重学生的自我评价，从而最终有利于学生积极的自我意识的形成。

（2）随着经济和社会的发展以及教育改革的不断推进，素质教育也在不断发展，培养学生的创新精神和实践性能力是素质教育的核心已成为广大教育工作者的共识。要培养学生的创新精神首先要具有创新精神的英语教师。当然，英语教师创新精神的来源离不开英语教师培养机制和培训机制，但是我们可以说，没有自我评价能力的英语教师，是不会有创新精神的。因为，创新精神在很大程度上来源于对自身和现实的反思，尤其是来源于对自我的不断否定。因此，自我评价在培养英语教师的创新精神过程中，有着极其重要的作用。

（3）从前面对英语教师劳动、角色以及管理的特殊性分析中我们知道，英语教师劳动和英语教师角色是复杂而多样的，尤其涉及英语教师知识观、学生观、人才观等教育教学观念的评价。用他评的方法，难度是显而易见的，而自我评价作为一种英语教师自己认识自己、自己教育自己，从而自己提高自己的过程，对自身的观念更新来说，不失为一条有益的途径。

（4）现代心理学研究表明，内部动机比外部刺激具有更持续的作用。自我评价作为一种自我发展的动力机制，对于英语教师的发展来说，是英语教师专业提高的根本动力。

（5）我们应该清楚地认识到，无论是领导评价还是英语教师同行评价，都要对英语教师的行为产生作用，最后都需要经过英语教师自我评价的机制，通过英语教师的认同、内化，最终才能起到促进英语教师素质提高的作用。

当然，并不是在进行英语教师评价时，英语教师才进行自我评价，英语教师的自我评价可以说是贯穿于英语教师专业发展过程始终的。在英语教师培养机制和培训机制中，要想发挥促进英语教师素质提高的真正作用，同样离不开英语教师的自我评价。正是在这些意义上，我们可以将英语教师的自我评价看成英语教师评价的核心。

培养英语教师自我评价能力的途径是多方面的,我们可以在培养英语教师的师范教育和提高英语教师专业素质的培训过程中,采用多种形式来提高英语教师进行自我评价的能力。

三、有效开展教师自我评价的策略

(一)对英语教师进行自我评价教育,树立正确的自我评价观

自我评价的前提是自己有自我评价的要求,让英语教师懂得只有通过自我评价的内化,才能从根本上认识自己的优势和不足,从而做到发扬优点、克服不足。

同时,英语教师也应认识到,随着社会的进步,人们对英语教师角色的期望值也在不断提高。过去人们常简单地将"英语教师"看成是外国语言的传授者,即英语教师只要能灌输给学生知识就可以了;而后来人们又在此基础上,将英语教师看作"能师",即不仅要传授一定的外语知识,而且要培养学生形成一定的技能和启迪学生的智慧;而现在根据素质教育的要求,英语教师应该是一种"人师",即不仅要教书,而且还要育人,要以高尚的人格来塑造学生的人格。诚然,要成为"人师"是对英语教师的高要求,但它却是我们实施素质教育所必需的。同时,它也是英语教师专业化发展所要求的。为了能够达到这种高要求,英语教师在进行自评时,应将自我的角色定位在"潜在的学习者"角色,因为"真正的学习,涉及人之所以为人这一意义的核心。透过学习,我们重新创造自我。透过学习,我们能够做到从未能做到的事情,重新认知这个世界及我们与它的关系,以及扩展创造未来的能量。事实上,你我心底都深深地渴望这种真正的学习"。

(二)构建可操作的英语教师自评指标体系

英语教师自我评价能力的提高,一方面有赖于英语教师自我评价观念的更新;另一方面,也有赖于我们为英语教师进行自我评价所做的准备。指标

体系是评价的依据之一，而自评的指标体系无疑是自评的依据，它为英语教师在客观地评价自己的行为时提供了一个参考点。为此，我们必须尽快开发可操作性强的英语教师自评指标体系。

在开发英语教师自评指标体系时，对影响教学结果的有关因素进行评价可能比简单地评价教学的结果来得更为有效。因此，我们应将自评的指标集中在影响教学效果的因素上。同时由于自评的主要目的在于改进教学，因此，一般说来这种指标不宜给权重，应做出定量化处理。同时，在自我评价准则方面，除了指标体系之外还有"概括性问题"，如何体现出培养英语教师的创新精神的导向作用，也许"概括性问题"作用更大，这正是需要我们进一步深入研究的重要课题。

（三）注重英语教师的自评结果

不可否认，在目前英语教师评价的英语教师自评中，存在着较为严重的形式主义，形成了一种似乎"为了他评而自评"的倾向，忽视了"他评"最终需"自评"的"内化"来达到评价目的的基本道理。如果自评结果不能够作为一种严肃的事情来对待的话，那么评价的结果就会失之偏颇，而以此结果为依据进行的分析只能是流于形式，这样一来，对英语教师整体的评价也就失去了应有的意义。对英语教师自评结果不重视，是学校领导在进行英语教师评价时必须加以注意的问题。

注重英语教师的自我评价结果，并不是说将英语教师的自评结果完全同奖惩挂钩，而是说，当英语教师对自己评价，对自身的定位和发展方向有了一个充分的认识后，尤其发现了工作中存在的问题和缺陷后，作为管理者（学校领导）应及时会同有关人员，积极帮助英语教师分析存在的问题的症结所在，并对解决问题的方法、措施提出建设性的意见，并切实有效地加以落实，以使英语教师自评真正起到促进英语教师素质提高的作用。

加强对英语教师自我评价机制的研究，提高英语教师自我评价的意识和自我评价的能力，能够有力地促进英语教师专业素质的提高。与此同时，英语教师自身评价能力的提高也会促进英语教师专业化的发展。因此，英语教师的专业化发展需要英语教师的自我评价，英语教师自我评价意识和自我评价能力又是英语教师专业化发展的重要条件。

第九章　高校英语教师专业发展的新路径

教师既是教育的主体亦是教育的灵魂，发展教育事业加强师资队伍建设尤为重要，其中教师专业的发展是促进师资队伍素质提高的关键。当前，教育改革的广泛开展对高校英语教师的专业发展提出了更高要求，因此，找到新的英语教师专业发展的路径是十分必要的。

第一节　校本培训与英语教师专业发展

一、校本培训的内涵

从以往研究来看，我国学术界对于校本培训的内涵解读存在着不同的认识与理解。有学者认为，校本培训就是以校为本的培训，即基层学校与教学研究、教育科研融合在一起的培训活动。有学者认为，校本培训是以教师的任教学校为培训基地，以全体教师为学员（既是学员，又是教师）、本校校长和领导干部为组织者与领导者，以提高教学实际能力为目的的一种培训模式。也有学者认为，校本培训是指任职学校根据学校发展的需要，自主制订培训计划，确定培训目标，设计培训内容，以学校最基本的教育教学实践领域为主要阵地，立足于本职、本岗、本校而自主开展的旨在满足学校和每个教师工作需要的校内培训活动。还有学者指出，校本培训是指在教育行政部门和有关业务部门的规划和指导下，以教师任职学校为基本培训单元，以提高教师教育教学能力素质为主要目标，把培训与教育教学、科研活动紧密结合起来的继续教育形式。还有学者从国外界定校本培训概念的视角，剖析了校本培训概念的几个要点：按欧洲教师教育协会 1989 年的界定，校本培训指的是源于学校课程和整体规划的需要，由学校发起组织，旨在满足个体教师的工作需求的校内培训活动，认为这一概念界定确定了校本培训的出发点即学校课程和整体规划的需要；校本培训的主体即学校发起组织；校本培训的目标即满足个体教师的工作需求；校本培训的场所即校内。

从构词法上来分析，校本培训实际上是由"校本"与"培训"两个概念组合而成的，因而对校本培训的理解，关键在于把握"校本"和"培训"的内涵。所谓"校本"，主要包括三层含义：一是指为了学校，校本培训的根本目的是促进学校和教师的发展，因此它应以推动学校的教育改革与发展、解决学校和教师在教育教学工作中所面临的各种问题、促进教师的专业发展为根本出发点。二是指"在学校中'学校自身的问题应由学校加以解决，即由了解学校问题并处于学校问题之中的校领导和教师理论联系实际地发现问题、分析问题、解决问题。同时，教师也应该在任职学校与课堂中谋求专业发展，因而任职学校应成为培训教师的主战场，以达成教学时间、学习时间与研究时间的统一和教学实践空间、学习空间与自我发展空间的统一。三是指"基于学校"。基于学校是指有关教师培训的所有计划和活动必须从学校与教师的实际需求出发，学校和教师有充分的自主权，成为"以校为本"培训的主体，可以自主发起、组织、实施各种形式的培训活动，以满足学校和教师的培训需求，达成学校和教师的共同发展。"基于学校"同时也意味着以学校特色为本，即从学校校情出发，挖掘校内各种资源，寻求能够展现本校优势、形成本校特色、有利于本校个性发展的培训模式。

所谓"培训"，主要包含两层含义：一是培训是一种持续于整个教师生涯的培养和训练的过程。从词义上理解，培训是指"培养与训练"。由于现代教育事业的发展，办学形式多样化，培训与培训分化，培养趋向于专指造就新生力量；培训多指在职、在业人员的专门训练或短期再教育，如工人岗位培训、农业技术培训、师资培训等。教师的培训主要是指在任职期间，通过接受师资培训机构的指导与帮助以及自我持续进行的学习、实践与研究等活动来完成的。二是培训过程既是教师专业发展的过程，也是教师自主学习的过程。当前科技迅猛发展，大量的新思想、新内容、新技术与新方法不断涌入学校，这给教师带来严峻考验与挑战，要求教师必须积极参与各种培训，尽快更新、补充知识和技能，更好地解决教育教学工作中的各种问题，以取得专业上的发展。因此，教师的专业发展离不开培训，培训过程就是促进教师专业发展的过程。另外，虽然培训强调管理、督导与技能训练，但它同时也注重教师学习态度的改变以及同事或学习者之间的支持、交流与合作，尤其在学校和教师发起与组织的校本培训中，教师们主进行的学习、反思与研究等培训活动，更有利于教师素养的提高和发展。

基于上述分析，校本培训是指在教育专家的指导下，由学校和教师共同发起与组织，以学校教育教学发展和改革所面临的各种实际问题为中心，充分利用校内外的教育资源，注重教师教、学、研的时空统一，有效实现教师专业发展的培训模式。这样的定义，其立足点在于：第一，校本培训是以解决学校教育教学问题为中心的，以理论与实践有机融合作为出发点。第二，校本培训强调以学校为中心和主体，以促进教师教、学、研统一为原则，以充分利用校内的教育资源为基础的教师培训与发展。校本培训也倡导有效整合校外的各种资源，如教育行政部门的支持，各级师资培训机构的指导与协助，与其他学校的合作等。第三，校本培训是一个体现学校特色，展现教师个性的活动。第四，校本培训是一种复杂的、持续于整个教师生涯的、促进教师专业发展的过程。第五，校本培训要求重新审视和提升学校在师资培训中的地位及作用。

二、校本培训的特征

（一）培训主体的多元性

传统教师培训多把教师置于被"教"或被"训"的位置上，培训者则多是高校的专家、教授或教科研部门的教研员。这些培训者虽然有很高的专业素养，但他们和教育教学一线教师相比，毕竟缺乏对真实的教育教学情境的深层了解，是以"旁观者"的身份，置身学校教育教学过程之外去培训。不仅如此，这种方式也未能深入挖掘潜藏在每一位教师身上的聪明才智，以及他们对发生在自己身边的教育现象和问题的独特认识。而校本培训则认为，培训者既可以是本校的教师，也可以是外聘的专家学者，选择的标准完全取决于实际的需要和条件，它更强调针对性。教师从自身的教育教学实践中发现问题，更注重对自身教育行为的自我观察、自我反思和经验总结，对问题的理论分析是为了切实解决问题，改善教育过程。因此，校本培训能够充分调动教师的主动性和积极性，使其具有较强的动机和投入感。

（二）培训目标的发展性

校本培训的目标是紧紧围绕着本校的发展理念和发展规划展开的。一般意义上的教师培训目标主要侧重于学科知识、专业理论和教育理论三个方面。而校本培训的目标则是：首先，它以独特的视角来思考学校的整体发展，致力于改善教师个体、教师群体和学校三者之间的关系，使之能够达到整体优化。其次，它着眼于提高每一个教师理智地、艺术地解决即时教育教学情境中所遇到的一切实际问题的能力。由此可见，校本培训的目标是在明晰的教育哲学和办学理念统摄下形成的，直接指向于教师和学校自身的发展。

三、校本培训与英语教师专业发展存在的问题

英语教师培养要走专业化发展之路，这是国际教师教育领域的普遍共识。实际上，校本培训从其初衷来看，正是在这一理念下兴起的。但是，校本培

训的当代发展是否有助于实现英语教师专业化发展？专业化培养之路到底是只有校本培训一条道路还是有多种途径？各种方式和途径之间能否整合？如何进行整合？这些都还是悬而未决的问题。从国际范围来看，在英美等国强化学校在英语教师培养中的作用，注重校本培训的价值同时，另一些国家正在关注如何提高英语教师的学术水平，以改善英语教师的专业化程度。将校本培训作为英语教师专业化的途径似乎并没有得到广泛的认同。在英国，甚至出现了这样的现象：那些以前曾要求大学与学校共同分担英语教师职前培养的人，现在看到事情正向相反的方向发展，他们转而呼吁大学要对自身培养英语教师的能力具有充分的信心，以学校为基地的英语教师职前培养改革并没有如人们希望的那样带来英语教师质量的显著提高。当然，这并不意味着校本培训的失败，只是说明校本培训本身还要变革和完善。英国就有学者建议必须将两者不同取向的英语教师培养途径区分开来：一种力求通过大学与伙伴学校间适当而有机的联系来提高培训质量；另一种企图利用"学徒制"获取即时利益。

四、校本培训与英语教师专业发展的应对策略

（一）重视同行专家的引领指导

倡导自主学习、推动合作互助是校本培训的核心理念和基本方式，但这并不意味着校本培训不需要专家资源系统的支持和引领。对校外专家资源，可以通过"请进来""送出去"的方式，获取他们的指导和引领；对校内专家资源的利用，则应特别关注以下两个方面：首先，要大力倡导实施以老带新的"导师制"。由于英语教师教育的先天缺失，英语教师入职初期的教学引领就显得格外重要。许多高校对新任英语教师实施以老带新的"导师制"，选配指导英语教师对新英语教师的教学实践进行"一帮一"指导，这是一种极为有效地促进英语教师专业发展的形式。但是，要确保这种校本培训方式能收到实效，一方面必须把好"导师"的选配关，所选"导师"应在专业态度、

专业伦理、专业知识与能力尤其是教学实践能力上，能够真正对新英语教师起到"传、帮、带"作用；另一方面，必须对"导师制"的运行给予引导和激励。有些高校虽然实行了"导师制"，但往往流于形式，管理局限于开始时的师徒文本协议和结束时的填表考核，而从根本上忽略了对"传、帮、带"运行过程的关注与引导，致使"导师制"不能真正发挥其应有的价值。其次，要充分发挥"教学督导"的作用。高校的教学督导委员会是一个以提高教学效率和教学质量为旨归的专家式支持系统。"教学督导"作为校内专家，对上能起到"参谋"和"反馈"作用，对下能起到"监督"和"指导"作用。在"督"与"导"的关系上，应侧重"辅导"或"指导"职能，真正的督导过程应是进行校本培训的过程。"教学督导"应坚持合作、民主、全面和科学的工作方式，通过听课对英语教师课堂教学进行检查，并从发展性角度及时给予反馈和指导，引发英语教师进行教学反思，帮助英语教师改善教学实践，从而不断提高教学水平。但在现实中，有些高校并未真正重视和充分发挥校内,教学督导的作用，督导人员的选聘较为随意，督导工作也处于只"督"不"导"状态。基于此，高校需要重新审视和定位校内"教学督导"工作，要从实施校本培训角度，挖掘和运用校内专家资源系统，加强教学督导队伍建设．充分发挥"教学督导"对英语教师的教学引领功能，

（二）加强英语教师之间的合作互助

校本培训根本不同于传统培训之处就在于：它不是培训者高高在上、受训者被动"失语"的培训方式，而是建立在对校内培训资源进行充分挖掘和利用的基础之上，通过"英语教师实践共同体"进行的主动发展提高过程，每位英语教师都有其独特的教育教学经验，作为"经验载体"都是一份宝贵的培训资源，英语教师是校本培训中的"话语主体，校本培训的核心理念与基本方式就是要搭建起英语教师之间合作互助的平台，促使英语教师就教育教学经验进行对话、交流和成果分享，就共同的工作开展合作与学习，在相互传递与接受经验过程中整合和重构各自的经验背景，形成更高层次的教育

教学经验，从而不断促使自身的专业发展。但是，在我国当前高校教育教学实践中，英语教师之间的合作与互助明显不足，英语教师通常是各自为战甚至相互封闭，试图凭借个人力量和智慧解决教育教学实践中纷繁复杂的问题，独自品尝失败或成功的经验，日常的教研活动、互相听课、教学观摩等带有交流性质的活动即便有，也大都流于形式，自我封闭的藩篱始终横亘在英语教师之间，阻碍了英语教师专业的共同发展。校本培训正好可以打破制约英语教师专业发展的这一瓶颈，它通过致力于英语教师合作型文化的建设，为英语教师提供了沟通和融合深层教育理念的机会。为此，首先需要形成教育教学"实践共同体"。也就是围绕共同的教育教学任务建立起课程组，遴选合适的课程负责人或课程首席英语教师，并赋予其相应的责、权、利，切实强化课程组的地位与作用以课程组为单位展开合作互助性活动是开展校本培训的最基本组织保障；其次要组织形式多样、富有成效的合作性活动。例如，可以围绕共同的教学内容进行集体备课与诊课；可以开展教学示范与观摩；可以围绕某个主题举办教学沙龙、教学论坛；可以设立教学工作坊；可以开辟网上教学咨询与交流平台，鼓励英语教师传习教学经验，分享教学心得，逐步展开教学对话，尤其是以建设为目的的批判性对话，从而使英语教师深刻体会合作互助、多元互补所带来的积极效应，努力营造有利于英语教师专业发展的良好的合作型文化氛围。

第二节 教学案例与英语教师专业发展

一、教学案例的定义

人们通常提到的案例，大多指的是案例教学和教学案例。前者是在项目或任务环境下提出真实事件或创设的案例，供课堂教学讨论和分析，作为一种重要的教学组成部分呈现在课前、课中或课后，以项目或任务等方式驱动学习者学习、分析和探究，旨在帮助学习者在学习过程中构建实际知识和实践能力等。后者则是指优秀或典型的教学课堂记载，供教师学习和交流、借鉴和推广。近年来，各级学校、各门学科都在努力打造精品课程、名师录像和示范课堂等，构建优秀教学案例，积极配合教育教学改革，切实落实课程改革精神。

案例译自英文"case"一词，它曾被翻译为"个案"，鉴于历史上早有个案研究二是心理学所采用的研究方法，因而"case"一词用作教学方法时便译成"案例"，而当它用作研究方法时仍沿译为"个案，案例是关于实际情景的描述，它不能用"摇椅上杜撰的事实"来代替，也不能用"从抽象化、概括化的理论中演绎出的事实"来代替。案例讲述的应该是一个故事。叙述的是一个事例，案例的叙述要有一个从开始到结束的完整情节，并包括一些戏剧性的冲突；案例的叙述要具体、特殊，而不应是时活动或事实大体如何的笼统描述，也不应是对活动的总体特征作的抽象化、概括化的说明；案例的叙述要把事件置于一个时空框架之中，说明事件发生的时间、地点等；案例对行动、人物、事件等的陈述.要能反映实际生活的丰富、复杂和多样性，揭示出人物的内心世界，如态度、需要、动机等；案例的叙述要能反映出事件发生的特定的教育背景，应以今天所面临的疑难为着眼点.支撑案例的原理或理论可能是稳定的、恒常的，但展示的事实材料应该是与整个时代相应的；案例遵循"用事实说话"的原则以及运用形象概括的方法，客观真实地而不能艺术化、夸张化或随意拔高地反映或摹写现实。

二、教学案例对英语教师专业发展的作用

（一）教学案例是英语教师的教育、教学经历的真实记录

教学案例都是英语教师日常的教学实践活动的记载，非常贴近英语教师工作，与英语教师的专业发展有着密切的联系。英语教师在教学过程中可能

存在大量的实际问题或难题，需要通过自己或者集体研究，不断地探讨妥善解决的方法，从而积累相关的经验和教训。这是英语教师专业发展中的一笔宝贵财富。

在学校和课堂里，每年都会有新面孔，永远都有许多让人难忘、值得研究和细细回味的人和事。然而某些事情或某个思想的闪光点并不适合流水账，那么撰写案例就是一种很好的选择。教学案例不仅记录了教学过程，也记载了伴随过程而产生的思想、情感以及灵感。它对于建立英语教师完整的教学档案和教学历史，有着重要的作用和独特的保存与研究价值。

(二) 教学案例是促进英语教师进行教学反思的有效手段

案例撰写是对教学实践的反思，从实践中选择适当的实例进行描述和分析，可以更清楚地认识有些做法为什么取得了成功，有些为什么效果不够理想。通过反思，提炼并明确有效的教学行为及其理论依据，从而更有效地指导今后的实践。

在撰写教学案例的过程中，英语教师需要针对教学过程进行回顾，将自己的教学完整地再现，并且从新的视角进行深度的审视、公正的评价和反复的分析整个教学过程中的是非对错都能从一开始的模糊逐渐变得清晰。这样一来，英语教师就能更深刻地认识某些具体教学问题，从而探讨恰当的解决方法，这有利于英语教师总结成功的经验和失败的教训，进而清楚地看到自己的长处和不足。撰写教学案例的过程，其实就是英语教师重新认识教学现象和事实的过程，换句话说，就是一个反思、分析、总结和促进提高的过程。

三、基于教学案例的英语教师专业发展途径

(一) 建立英语教学案例库

英语教学案例库是针对特定受众群的多个英语教学案例的集合。建设教学案例库时，首先要考虑英语专业自身的专业特色，必须具有现实的指导和教学意义。

结合英语这一专业，教学案例库可以从以下几个方面来建立。

根据学习对象：如小学英语、中学英语、高职英语、大学英语等教学案例库。

根据课程类型：如听说课、语法课、阅读课、写作课等教学案例库。

根据教学方法：教学案例库等。

根据地域特点：如任务型教学法英语教学案例库、基于建构主义的如本校英语教学案例库、本市或本省英语教学案例库。

既然是建立案例库，就要遵循一定的案例库建立的原则，因此每个案例的组成部分至少包含以下几部分内容。

1.事实描述：案例发生的现象描述、原因、经过等，要求内容真实、详尽。

2.相关背景资料：介绍案例发生的大环境的背景资料。

3.分析与评价：由领域专家给出的分析和评价要切中主题，有实际导向意义。

4.相关应用领域：案例可应用的场合或领域。

5.教学建议：案例在教学中使用的方法、注意事项和建议：

案例来源可以通过以下三条途径获取：

1.按照案例编写格式，自行编写案例。

2.购买。

3.在网上自行下载。

为保证案例的规范性、科学性和合理性，案例建设应遵循以下步骤。

1.案例建设人员必须是本学科的专业人员，熟悉本学科当前使用的教材、教学大纲，对本学科教学方法与教学理论有较高的研究水平。

2.分析案例库面向的对象，即最终使用者。

3.确定案例库建设主题内容。

4.按主题收集、编写案例，案例力求丰富、多样化，收集的非原创性案例应不存在版权争议问题。

5.组织本专业专家审核案例的有效性。

（二）开展英语教学案例校本培训和校本教研

传统的培训模式侧重于对教学理论、方法进行概念性解说。很显然，在这种枯燥的理论指导下，英语教师对教学这一复杂过程无法有效地理解和彻底地把握，更无法将理论内化为英语教师的职业实践能力。所以，教学理论的有效学习必须建立在实践的基础上。生动、真实的教学案例就是一个有效的学习载体。然而，有关英语教学的案例很多，别的学校的优秀案例不一定适合本校的实际情况，因此开展适合本校实际的英语教学案例校本培训是一个非常有效的途径。

开展教学案例校本培训的首要任务是收集教学案例中出现的问题：此处的"问题"就是英语教师在本校日常教育教学活动中遇到的疑惑、困难和热点问题等。培训者可以通过调查问卷、对英语教师进行访谈、实地观察课堂等方式收集问题。参加培训的英语教师也可以通过分析教学案例，回顾相关问题，并对问题进行进一步分析和反思，将所有的问题组成问题包呈现给培训小组。

开展教学案例校本培训的根本任务是在提出问题之后，根据问题的性质及特点引入理论培训。英语教师通过对照专家讲解，结合自己的经验，再进一步反思。在这一过程中，任何一个参与者都有可能成为另一个或一群受训者的专家。教学案例培训只是一种手段、一种过程，其目的在于通过分析寻找解决问题的最佳方案。通过提出问题、讨论问题、解决问题的过程，英语教师不断地反思总结，使自己的理论知识更加牢固，实践经验更加丰富，这将很好地促进自己的专业发展。

第三节 信息素养与英语教师专业发展

一、信息素养的定义

信息素养的定义虽然不断发展，但是其内容都不约而同地表现出信息社会里人们对信息行为质量和效果的高度关注和追求。毫无疑问，信息素养是一种综合信息能力，即在信息社会中，人们所具备的信息觉悟、信息处理所需的实际技能和对信息进行筛选、鉴别传播和合理使用的能力。从根本上说，具有信息素养的人是那些学会了如何学习的人，他们知道如何组织知识，如何去寻找信息，如何利用信息，所以他们知道怎样学习。他们是能够进行终身学习的人，因为他们总是在为新的需要寻找着新的信息。在信息时代，我们每个人都必须具有一定程度的信息处理、吸收和创新的信息素养能力，这个能力和我们对文字的听说读写能力一样，没有信息素养能力则意味着我们就成了"信息文盲"。

一般来说，信息素养主要包括信息意识、信息能力、信息知识和信息道德等方面的内容。

（一）信息意识

信息意识是指人们对各种信息的自觉的心理反应，是在信息活动中产生的认识、观念和需求的总和。信息意识的强弱决定了获取、判断和利用信息能力的自觉程度。主要包括以下几个方面。

（1）能认识到信息在信息时代的重要作用，确立尊重知识、终身学习、勇于创新的观念。

（2）对信息有积极的内在需要。

（3）捕捉、分析、判断和吸收信息的自觉程度。每个人除了自身有对信息的需求外，还应善于将社会对个人的要求自觉转化为个人内在的信息需求。

（4）对信息的敏感性和洞察力。能迅速有效地发现并掌握有价值的信息，并善于从他人看来微不足道，甚至毫无价值的信息中发现信息的隐含意义和价值，善于识别信息的真伪，善于将信息现象与实际的工作、生活和学习迅速联系起来，善于从信息中找出解决问题的关键。

（二）信息能力

信息能力是指人们获取、加工及创造和交流信息的能力。信息能力是信息时代人类重要的生存能力，也是现代社会人类终身学习必备的基本能力。个人信息能力的大小在很大程度上决定了一个人的社会活动能力和工作能力。信息能力包括利用各种信息机构检索获取信息的能力、将获得的信息构建了自身知识体系中的能力、对获取信息进行记录和管理的能力以及在涉及以上所有环节时，批判地审视、判断和选择评价信息的能力。

（三）信息知识

信息知识指一切与信息有关的知识和方法，主要包括信息理论知识和信息技术方面的内容，如对图书馆信息知识的了解程度，对检索技术、计算机技术及相关学科的掌握程度等。信息知识是信息素养的基础，不具备一定的信息知识，信息素养也就无从谈起。

（四）信息道德

信息道德是指在信息的采集、加存储、传播和利用等信息活动各个环节中，用来规范其间产生的各种社会关系的道德意识、道德规范和道德行为的总和。它通过社会舆论、传统习俗等，使人们形成一定的信念、价值观和习惯，从而使人们自觉地通过自己的判断规范自己的信息行为。

二、信息素养与英语教师专业发展的关系

英语教师应当具备良好的信息素养，这是毋庸置疑的。那么，信息素养的高低与其专业发展有着怎样的关系呢？虽然鲜有研究专门对这个问题做出解答，但不少研究中都或多或少涉及这个问题。综合看来，对这个问题的讨论主要有两个角度：一方面，英语教师专业发展包含信息素养的发展；另一方面，信息素养的发展影响英语教师的专业发展。

（一）信息素养的发展是英语教师专业发展必不可少的内容

当今社会已步入信息时代，信息能力已经成为信息社会的基本能力。信息素养是21世纪重要的能力和终身学习能力的重要前提。英语教师应当掌握的职业技能和应当具备的能力结构发生了明显的变化，信息素养已经成为英语教师专业发展不可或缺的一部分。现有研究从各种角度论证了英语教师发展信息素养的必要性。

（1）教育信息化的发展要求英语教师具备信息素养。随着教育信息化的推进，全球范围内已经掀起一场声势浩大的教学革命，英语教师的信息素养是教育信息化改革能否成功的关键。对于英语教师而言，现代教育信息技术不再是一种额外的要求，而是英语教师教学能力的基本构成内容，是英语教师教育的一大核心课程。英语教师必须具备良好的信息素养以适应教育信息化发展的趋势。

（2）英语教师的信息素养是英语教学改革的关键，教师缺乏对外语教育技术的了解与认同是取得大学外语教学改革成功的瓶颈。

（3）外语教学的专业特点呼唤英语教师必须具有较高的信息素养。

（4）当代学生的新特点也要求英语教师提高信息素养。当今的学生出生于数字时代，生活在任何信息都唾手可得的技术世界里，喜欢即时的互动、即时的满足、即时的回报，喜欢图像界面甚于书面文字。要适应数字时代学生的需求，英语教师需要改变思维方式，让学生参与到学习中来。学生的新

需求对英语教师提出了新挑战,尤其是对国际交流性较强的外语教师而言,更需要提高信息素养如果英语教师的信息素养不足以满足学生的要求,将难以胜任现代化的外语教学任务,难以有效地培养应用型人才所需的英语实践能力。

综上所述,无论是作为信息时代的普通公民还是肩负教书育人职责的英语教师,无论是教育信息化的大趋势还是大学英语教学改革的现实环境,无论是外语专业的特点还是当代学生的特点,都要求英语教师具备较高的信息素养。这已经成为英语教师的基本素质组成部分。除了学科知识发展、重建教学知识、形成符合时代发展的教育哲学外,培养信息素养也是高校英语教师专业发展不可或缺的内容。

(二)信息素养影响英语教师的专业发展

一方面,英语教师要学会如何使用ICT,以提升信息素养(这是职业发展的必备内容);另一方面,英语教师良好的信息素养能提高教师的教学和科研能力,有助于教师坚持终身学习,不断更新知识,从而促进自身的专业发展。

综上所述,英语教师不仅要善于运用信息技术辅助大学英语教学,而且必须在努力学习信息技术的同时,积极地利用信息技术发展自己。英语教师的信息素养不仅是专业发展的内容,而且已经成为其专业发展的重要保障。

三、英语教师信息素养发展的途径

(一)课题研究

通过鼓励与信息技术相关的课题研究,鼓励外语教师参与教育技术科研项目的选题立项、评估、总结和推广,以团队合作的形式开展课题研究,从而推动自身信息素养的提升。例如,有些学校建立了基于课题带动的研究模式,鼓励英语教师参与教育技术研究课题,在研究中接受相应的培训指导,通过教育技术与教学研究的整合实践。既提升其科研能力,也提升其信息能力。

(二) 参加学术会议

我国许多科研机构都会定期举办有关英语教学和科研方面的研讨会,旨在给英语教师提供相互交流、共同发展的机会。在条件允许的情况下,英语教师应多参加这方面的会议。在会上,英语教师可以与来自各个地方的同行交流信息和观点,建立联系;英语教师可以聆听有关专家学者有深度的学术报告,从而了解语言教学最新发展动态,接触最新教学理论和教学方法;英语教师还可相互交流教学经验,丰富专业知识,提高教学能力。因此,经常参加学术会议,不仅可以加深英语教师自己对理论的理解,而且还会明确学科发展的方向。

(三) 创建学习型组织

近年来,国内有越来越多的大学采取学校、院系、个人共同出资的办法送英语教师出国进修。英语教师参加各类培训或出席国内外学术会议的机会也越来越多。与此同时,教育部、相关院校和出版社也采用宣讲、暑期培训、专题研讨等形式提高英语教师对教学改革的认识或训练其专项教学研究技能。在新一轮教学改革中,许多学校出现了新型的复合型大学英语教师,其特征是熟悉外语教学理论,具有较强的英语运用能力,掌握现代教育技术,有较好的计算机运用能力,他们代表了英语教师的发展方向。

综上所述,目前有多种途径可以提升英语教师信息素养,应采取灵活多样的形式以满足教师的不同发展需求。提高英语教师信息素养的各种途径有利有弊。面对面的培训便于培训师和专家当面全程指导,具有节省时间经费、契合本校教学实际的优点,效果显著,但缺点是个性化不足,不能逐个满足英语教师的个体需求;网络协作学习贵在自主灵活性,适合英语教师的特点,但不利之处在于培训组织和管理松散,缺乏效率。基于课题带动的研究的好处在于能将教学与科研相结合,但课题研究往往需要投入大量的时间和精力,不具备普及性。因此,应当为英语教师提供多样化的信息素养发展途径,取长补短,充分发挥各自的优势帮助教师提高信息素养。

第四节 教材多维度开发与英语教师专业发展

一、教材多维度开发的概念

教材是物化的课程,对学习者的学习有着直接影响。现有英语教材中存在的问题一定程度上反映了当今英语课程的不完善之处。

传统的教育学派认为,教材是人类在历史发展过程中积累的经验,是学校各种学科的内容或材料。教材可以分为有形教材和无形教材。有形教材是指物质的,无形教材是指精神的进步的教育学派认为,教材是对一切自然现象和社会现象的解释,或是对宇宙和人生的各种实体的说明。它是关于人类行为经验的方法,既包括教学实践中的教学活动,又包括完成教学活动所要使用到的各种材料和工具。

钟启泉教授认为教材的内涵包括三个方面。

(1)有关于事实、法则、概念、理论等,能够帮助学习者形成特定的知识体系。

(2)有关于心理作业与实践作业的各种方式、步骤和技术等,有助于提高学习者包括知识能力在内的综合能力的发展。

(3)有关于信念、政治观、世界观、道德观的观念、认知以及规范等,它与学习者的知识体系与能力体系密切相关,奠定学习者的世界观基础。

对于教材多维度开发,顾名思义就是对教材进行多角度、多层次、立体式的开发与研究,涉及整合与主要教材相关的参考教材、编写教学类指导用书与配套练习册、制作多媒体课件、设计教学思路、分析教学个案、总结教材使用经验等。

对英语教材进行多维度开发的过程，实际上是以英语教材为基础，对英语课程展开多方位的整合、思考与再度开发，并对新教材加以实施与提升的过程。教师对英语教材展开多维度开发，不仅涉及对英语教材理念的编排，也涉及对教材体例的熟悉与理解，还涉及对教材相关教学资源的整合与课件的制作，以及在课程设置目标的基础上，教师对教材进行再编写、再开发教材的多维度开发是建立在现有教材的基础上，且超越现有教材。一般来说，教材的多维度开发可以从三个维度着手。

（1）对现有教材进行创造性、灵活性、个性化的运用。

（2）对其他教学材料、教学资源的选择、整合，并对这些资源进行优化。

（3）对其他新的教学资源进行自主性开发。

二、教材多维度开发对英语教师专业发展的意义

教材的多维度开发与英语教师的专业发展是相互促进、相辅相成的。一方面，英语教师对教材进行多维度开发，能促进英语教师教学能力和科研能力的发展；另一方面，英语教师自身专业的发展又使得英语教师具备驾驭教材、开发教材的能力，能实现对教材的更有效的多维度开发。

英语教师进行教材多维度开发，对自身专业发展的促进主要表现在以下三个方面。

（1）英语教师对教材进行多维度开发，能够对课程内容有一个充分的了解和把握，进而对教学资源进行有效整合，提升教学的质量，促进自身教学能力的提升和发展。

英语教师是教学任务的开发者与设计者，是教学活动中的主角。英语教师对教材进行多维度开发，首先需要学习和熟悉教材，掌握教材中提供的基础知识与结构编排，分析教材中呈现出的课程目标、教育目标、价值观等。

当英语教师把握了这些内容之后，对这些内容进行解读，并从学习者的行为习惯、认知水平、知识经验、思维特点出发，对教材进行处理和整合，通过对教材进行灵活运用，有助于实现教学效果的最大化。学习者也成为教材多维度开发的受益者。

（2）通过多维度开发教材，英语教师能够提升自己的课程意识，完善教学体系，提高英语教师自身的教学竞争力，并促进自身教学科研能力的提升与发展。在英语教师专业化发展过程中，科研水平不可或缺。一名优秀的英语教师应该能够将教学与科研紧密结合，教学能够为英语教师提供灵感，发现课题并验证，形成自己的经验，用于教学科研；而科研能够保证英语教师对教学的兴趣和积极性，并引领教学的前沿性与时代感。

英语教师科研是提升英语教师竞争力的重要方式，有助于满足英语教师决策的科学化、提升英语教师素质的需要，从而更好地促进英语教师的专业化水平。一名英语教师只有不断提升自己的科研水平，才能获得长足的发展，且只有走科研之路，才能让教学更上一层楼。要想成为一名教育工作者，英语教师不仅要做到终身学习，还需要不断进行研究。

英语教师科研的最大特点在于教学科研与教学实践为体，具有极强的时效性、实践性以及实用性价值，其侧重于教学经验的提炼与概括。对英语教师而言，教学活动与学习者就是最大的研究对象，英语教师就是开展教学的实验室，而英语教师就是实验者，问题在这一实验过程中产生，而英语教师就需要从具体情境出发对这些问题进行解决，在教学中进行检验与验证。

（3）英语教师在对教材进行多维度开发过程中，需要与其他英语教师合作，从而为自身的专业发展创造良好的氛围。

也就是说，英语教师的专业化发展，并不仅仅是自己的事情，而是群体的努力，因此需要更多的外部支持。

对教材进行多角度、多层次、立体式的开发与研究，需要集合同伴的力量。同时，由于教材的多维度开发并不是对以往经验的复制、粘贴，而是一种理性地提升英语教师专业化水平的过程，因此为了实现多维度开发的目的，英语教师之间应该精诚合作，分享经验，共同探讨问题与解决方式，取别人之所长，补自己之所短，这样有助于激发英语教师的积极性与主动性。对教材进行多维度开发，为英语教师提供了交流和学习的平台，营造了一种民主、平等、和谐、宽松的能引发思维碰撞和情感交融的良好的教研氛围。

总之，英语教材的多维度开发能使英语课程与学习者的需求更加贴近，最大限度地促进学习者的个性化发展，提升学习者的英语综合能力。同时，英语教师也提升了科研与教学能力，改善了自身的教学效果，强化了自身对课程的认识，最终促进了自身的专业化发展。

三、基于教材多维度开发的英语教师专业发展的途径

（一）全面有效地使用教材

教材是教学的有用之材，是英语教师的手中之宝。教材为英语教师职业生涯、学术发展以及教学技能的个性化发展提供了必要基础。作为教学的载体，教材是教学大纲和教学计划在知识内容与教学目标上的产物；在知识的呈现方式上，则是教学法的体现与应用英语教师对教材的认识水平决定了英语教师对教材的使用程度与使用水平，对教材进行研读、深层次把握是英语教师专业发展的一条有效途径。

英语教师对教材的实际运用，从教学维度来看，主要包括三个方面：其一，理解教学目标与内容，并对这些教学目标与内容予以取舍；其二，设计与安排教学环节与方法；其三，反馈教材使用结果，并预知和回想整个教材的经验。这三大层面揭示了英语教师使用教材的大致过程。

（1）对教材进行理解与判断，获得教学目标，选择教学内容。

（2）组织实施教材，运用一定的教学方法，对教学活动环节予以安排。

（3）进行预设和反思，对教学效果予以检测，总结教材使用过程中的经验。

英语教师对教材的实际运用主要围绕上述三个维度进行，教材是编写者课程理念和教学思想的反映。通过对教材的多维度开发，英语教师不仅能了解"教什么""怎么教"，而且还能知道"为什么要这样教"。在教材多维度开发，对教材的运用也从经验的、直观的过程逐步上升到理性的、自觉的过程，从而促进专业的发展。

（二）参与课题研究与课程建设

谈到科研，英语教师们常认为那是科研人员的事。其实不然，科研是每位英语教师分内的事，是每位英语教师心灵深处的需要。一名英语教师只有走教学和科研相结合之路，才能将教育教学工作提高到新的境界。亦教亦研，才能常教常新。一定的教研能力是英语教师专业水平持续发展的保证，英语教师要实现专业的成熟，除具备娴熟的教学基本功之外，还必须对教育教学有所研究。

对教材进行多维度开发，不仅能帮助英语教师摆脱对教材的过分依赖和崇拜，积极、自主、合理地选用和开发教学资源，应对教学情景中的种种不确定性，同时还能帮助英语教师发现教学实践中存在的一些具有研究价值的课题，参与课题研究；还能不断丰富自己的课程知识，逐步培养课程意识，完善课程建设。

英语教师通过参与课题研究和课程建设，又可以提高英语教师的士气，增进英语教师对学校课程的归属感，提高英语教师的工作满足感和责任感，使英语教师对教学和科研有更多的投入，并重建英语教师的知识观和英语教师与学习者之间的教育关系，形成良性循环，促进英语教师专业的发展。

第五节　评价体系与英语教师专业发展

一、评价体系的概念

评价是一项系统的价值判断活动，基于上述有关"评价"和"体系"两个概念的阐述。本书认为，评价体系是指评价特定事物的有机整体，主要包括评价指标体系、评价指标权重体系和评价标准体系。其中，评价指标是指具体的、可观察、可测量的反映评价对象的相应评价内容，根据评价实际，可以将评价对象进行逐级分解成为处于不同级别的评价指标。评价指标体系就是反映某一评价对象数量和质量要求的指标的集合，是由处于不同级别的评价指标按照评价对象本身的内在逻辑结构形成的有机整体。评价指标是评价体系的质的维度，即评什么、不评什么。一般来说，评价指标只能反映评价对象或评价目的的某一个或某几个方面，评价指标体系则能反映评价对象或评价目的的方方面面；评价指标权重是指评价指标体系中各评价指标的重要性程度，评价指标权重体系又称评价指标权集，是由所有评价指标的权重构成的有机整体。评价指标的权重是评价体系的量的维度，反映各个评价指标之间所占的比例和变化程度；评价标准是针对每个评价指标的分类做出具体规定，提出具体要求和说明。评价标准是衡量某一评价对象达到评价指标要求的尺度，对什么是很好、什么是较好、什么是一般、什么是差等做出明确具体的描述和规定。值得一提的是，评价标准可以是定性描述。比如，用文字等级"优秀、良好、合格、不合格"或字母等级"A、R、C、D"描述；也可以是定量规定，比如，用一定的分值来表示，如十分制、百分制等。且无论评价标准采用分数还是等级，都需要以具体的文字描述相应分数或等级的典型表现，否则判断就会受到评价者主观因素的影响。评价标准体系是由反映一定评价对象或评价目的的所有评价标准构成的一个有机整体。

二、英语教师专业发展评价体系的构建原则

(一) 科学可行

在设计高校英语教师评价体系时，要以先进的教育理念为指导，借鉴国内外成熟的英语教师评价方法。同时，从学校英语教师发展的实际出发，制定科学客观、切实可行的评价体系。学校制定评价体系要科学规划，让英语教师代表参与并不断地修正和完善。要尊重教育教学和英语教师专业发展的客观规律，学校领导应避免主观臆断。设置的评价体系要有一定的前瞻性，以激发英语教师的积极性和创造性。同时，要充分考虑学校英语教师专业发展的状况，以确保评价体系具有可行性。

(二) 公平公正

公平公正是学校英语教师专业化发展的重要保证。学校要充分发挥教职工代表大会、教授委员会等组织的作用，调动广大教职工的积极性，不仅要激励英语教师献言献策、深入研讨，而且应让英语教师充分了解英语教师评价体系。要充分考虑到不同岗位、不同职称、不同性别英语教师发展和需求的差异与多样性，确保评价体系的公开、公平、公正。

三、英语教师专业发展评价体系的构建方法

教师专业发展评价是教师专业发展活动的一个重要组成部分，是对教师专业发展的衡量，采取合理有效的评价方式能够促进教师专业化的不断成长。下面将从基于标准的评价、基于学生学习成果的评价和绩效评价三个方面对国际上有关英语教师专业发展评价的方法进行分析。

(一) 基于标准的评价

每个国家或组织都是根据本国英语教师专业发展的需要制定一系列符合本国特色的英语教师专业发展评价标准，有些国家或组织是在全国范围内采

用国家或组织统一标准对英语教师实施评价，而有些国家或组织则是将国家或组织制定的标准作为参考。结合本地发展需要制定地区或州英语教师评价标准，并采取不同的方法进行评价。比如，致力于服务发展中国教师发展的由联合国教科文组织颁布的《教师信息与通信技术能力框架》主要目的在于为各发展中国家制定教师标准提供参考。各国通过《教师信息与通信技术能力框架》，结合本国实际情况制定符合本国的英语教师能力发展标准，并且依据各国自己的方式对标准进行评价。

（二）基于学生学习成果的评价

英语教师专业发展评价不仅仅是对英语教师自身进行测试和评估，同时通过联系学生取得的学习成果进行英语教师能力评估。换言之，将学生取得的成就作为评价英语教师的要素之一。比如，美国对教师专业发展的评价主要体现在两个基本的发展方向：对教师自身进行测试和评估；联系学生取得的学习成果进行教师能力评估澳大利亚的教师专业发展评价通过将教师自身的发展以及学生取得的学习成果相结合的方式进行评价。

（三）绩效评价

绩效评价是教师专业发展评价的一种有效方式．将评估等级与教师自身的发展挂钩，在一定程度上对教师专业发展起到促进作用。

美国的教师发展计划是在丹尼尔森（Danielsen）评价框架的基础上进行的发展和延伸，主要内容是以强化教学评价、加强教学辅导、提供教师多元职业发展和以绩效补偿薪酬机制为特色，而建立起来的一套综合评价体系。增值评价模式是指采用统计学的方法，通过统计公式，计算在一个学年期间，学生在标准测试中成绩的提高在多大程度上归功于教师的教学，来决定教师对学生成绩"增值"的影响力。

新加坡的绩效评价由三个因素决定：一是教师的聘任、晋升、薪金的等级；二是教师根据自己的表现填写；三是部门主管根据教师平时的表现，综合三个因素决定教师的绩效水平，并且教师在评定中如果等级太低会存在被解雇的风险。教师专业发展评价直接关系到教师的切身利益，在一定程度上对教师专业发展具有推动作用。

英语教师专业发展评价在关注英语教师取得的教学成果的同时，还应关注英语教师的个人目标定位，使英语教师能够选择适合自己的发展轨迹。比如，新加坡的英语教师专业发展评价主要采用"目标管理+绩效评价"的方式，目标管理是指英语教师通过填写个人发展相关的评价表格，确定个人的英语教师职业发展轨道，从而向着自己感兴趣且有潜力的方向发展新加坡将英语教师的发展轨道定位在教学、教育领导和高级专家三个方向。

此外，美国的英语教师专业发展评价方式具有多元性、综合性、不确定性等特征。主要的评价方式包括课堂观察、同事评估、教师档案袋、客观性测试以及统计增值法等。

澳大利亚在英语教师专业发展评价方面，采用书面评价、档案袋评价、课堂观察等结合学生学习成果的多元评价模式，旨在多角度、全方位地评价英语教师专业发展的水平。新加坡的英语教师专业发展评价由教育部统一组织，每位英语教师的教师专业发展评估结果都需要签名才能生效，英语教师专业发展评价的结果要上交教育部。

第十章 高校英语教材与教师探索

教材是教学的依据，离开了教材，教学将无内容可教授。教师是教学的主导者和组织者，离开了教师，教学将无法开展。教材和教师在高校英语教学中发挥着十分重要的作用。随着高校英语教学的跨文化转型，英语教材与教师也发生了相应的改变，本章将对高校英语教材与教师进行探索与研究。

第一节 英语教材的开发

一、英语教材的开发要求

英语教学的跨文化转型对英语教材开发提出了新的要求，不仅要求英语教材符合外语教材的基本特征、基本编写原则，还要求教材中的文化知识内容、教材的建设等均符合跨文化交际能力培养的要求。

（一）把握基本特征与原则

在英语教学的跨文化转型背景下，英语教材作为教学的主要载体，应该能够满足教师的教学需求，更重要的是能够满足学生的不同需求，能够潜移默化地丰富学生的文化知识，培养学生的文化素养，锻炼学生的自主学习能力、语言应用能力和跨文化交际能力。可见，切实将教材的编写与学生跨文化交际能力、实践创新能力的培养相融合并落到实处是十分重要的。具体而言，新时代的英语教材应具备以下几个基本特征。

第一，教学内容和语言与时代发展相吻合，能够反映快速发展和变化的时代。

第二，要梳理好专业知识、学科知识和语言训练之间的关系，并处理好它们之间的关系。

第三，教材不能仅局限于知识的传授，而要着眼于对学生思维能力、鉴赏批评能力、文化能力和创新能力的培养。

第四，教学内容要重点突出，具有针对性和实用性。

第五，教材要能够与多媒体、网络等先进的教育技术相结合，并能充分利用这些教学手段。

就编写原则而言，英语教材的编写应遵循系统性原则、交际原则、认知原则、文化原则和情感原则。具体而言，英语教材应系统地介绍英语的基础语言知识和基本语言技能；英语教材中材料的选择和练习的设计要具有可操作性和实践性；英语教材中语言材料的编排和练习的设计要充分考虑英语学习的基本规律；英语教材中语言材料的选取要体现主流文化。

（二）弄清英语教材中的文化内容

英语教学的跨文化转型对英语教材的文化内容提出了相应要求。大部分的教材都十分关注和重视对学生语言能力的培养，却忽视了对学生文化意识和跨文化交际能力的培养。实际上，英语教材应能够培养学生的实际交际能力，能帮助学生在实际生活中进行交际，教材中的文化内容应满足学生跨文化交际能力发展的需要。具体而言，英语教材的文化内容应体现以下特征。

第一，英语教材中的文化内容应体现国际性和跨文化特征，除了要涵盖英语国家的文化知识，还要包括丰富的国际性文化知识。在经济全球化和文化全球化背景下，英语已经成为一门世界性语言被人们广泛使用，越来越多的并非以英语为第一语言的人们开始学习和使用英语，并试图和不同对象进行交际，因此英语教材中不仅要包含英语国家的文化背景知识，还要包含其他非英语国家的文化背景知识，也就是国际文化知识。

第二，英语教材的文化内容应覆盖面广，并且具有多样性，能够体现关于人本身、环境、生活方式、文化等方面的多样化知识，能够体现文化内容的核心，即价值观。

二、英语教材的多维度开发

（一）开发主体

在整个课程教学活动中，教师居于主导地位，这对整个教学活动有着重要意义。当然，他们也是教材多维度开发的主体。

虽然大学英语教师在展开授课之前都配备了相应的教材，但是这些教材内容繁多、零散，因此对于大学英语教师而言，他们不仅需要将教学内容加工成与学生密切相关且操作性极强的任务，还需要激发、组织学生积极参与到具体的课堂教学实践中，引导学生完成学习任务。作为课程的实施者，大学英语教师需要不断适应既定课程，了解与挖掘课程设计者的主旨与意图，从而针对现有学生的水平与接受能力，设计恰当的课程资源，提升自身的教学实践能力。

（二）开发维度

一般来说，大学英语教师在实际的教学中可以对语言、内容与语境、教学过程、课程管理等层面进行加工与改编。笔者认为，教材的多维度开发也可以参考这些层面，具体总结为如下几个维度。

1. 语言维度

语言是一切教材内容的载体，其涉及的领域非常广泛，大体可以划分为两种：语言内容与语言技能，前者包含语音、词汇、语法、话语、语体，后者包含听、说、读、写、译等。这些内容纷纷呈现于教材的各个角落，并渗透于各种解释、课文、练习中。因此，就语言维度来说，大学英语教材的多维度开发需要考虑如下几个问题。

（1）教材是否符合学生的学习需求。

（2）教材是否包含语音训练，如连读、重音等的训练。

（3）教材中是否保证了恰当的词汇数量，并且难度是否得当。

（4）教材中词汇的呈现是结构化的呈现，还是任意形式的呈现。

（5）教材中包含了哪些语法项目，是否设计了专门的语法练习。

（6）教材中是否充分覆盖了听、说、读、写、译这些项目，是否考虑了这些项目的融合。

2. 内容维度

就内容维度而言，大学英语教材的多维度开发需要考虑的是其中是否包含情感、文化层面的内容。语言与情境有着密切的关系，语言不能脱离语境而独立存在。如果教材开发者仅仅将语言视作抽象系统，那么这样的教材是很难提升学生在具体语境中的语言能力。这就要求教材中必须呈现真实的语言运用内容，并融入一定的社会文化主题，这样才能真正提升学生的语言运用能力。

3. 结构维度

语言内容是根据一定的结构进行排列的，但是不管选择何种内容、用何种形式进行排列，都需要考虑学生学习的目的。虽然教材的结构体系可能有所不同，但是其与情境、功能等是紧密结合起来的。也就是说，大学英语教师需要从学生的接受水平、认知能力出发，选择合适的内容组织排列教材，在具体的实践中还要不断地调整教材的顺序与进度，以满足学生的实际需要。

4. 能力维度

在交际中，知识与能力有着密切的关系，但是二者的获取途径存在明显的差异。知识往往通过呈现、发现等手段获得，即便学生当时学会了，以后也可能会忘记；能力是依靠具体联系获得，学生一旦掌握了，那么就很难忘记。

在大学英语教材的多维度开发中，教师除了设计学生需要的语言知识、社会文化知识外，还需要设计相应的语言技能。这是因为，语言技能是学生学习的最终目的。具体来说，大学英语教师应该在教材中呈现听、说、读、写、译这五项技能，并保证听力材料、口语材料的真实性与恰当性，阅读材料的地道性与充足性，写作材料、翻译材料的适切性等。

三、英语教材的选择和使用

（一）英语教材的选择

随着英语教学的跨文化转型，现在的英语教学已经将跨文化能力的培养提升到了与语言能力培养同等重要的地位，在选择英语教材时就应对此加以注意，并体现这一理念。英语教材的选择应充分考虑跨文化交际能力培养的需要，在选用教材之前，教师和管理者应深入分析教材的优缺点，对教材进行全面评估，进而选择最佳的教材。

具体而言，在选择英语教材时，要充分考虑学生的学习动机、学习兴趣和语言水平；考虑所涉及的文化内容的广度以及系统性，注重文化信息和主题的呈现形式，注重文化传播的过程；考虑教材运用的实践性和可操作性；注重文化意识和跨文化交际能力的培养。当选择原版教材时，就要注意教材要满足教学实际的需要，也要考虑学生的语言能力和需要。

（二）英语教材的使用

课堂上如何使用教材，即如何保证学生、教材、教师之间的交互质量，对学生的文化学习和跨文交际能力的培养起着重要的作用。

每一个教学环境都有其独特性，而且受多种因素的影响，如学生的学习动机、资源的可供性、课堂的动态性、教学大纲的限制等。为了更有效地开展教学，切实培养学生的跨文化交际能力，教师需要对教材进行必要的改编。

具体而言，教师在使用教材过程中要具有一定的自主性、灵活性和创造性。教师在教学实践中以课本为主，同时辅助其他教学材料，也可以根据实际教学情况对教材进行必要的增减、改动和替代，科学、有效地使用教材。

自主、灵活、创造性地使用教材具有显著的优势，即通过课本，教师可以获得课堂教学的通用框架，使教学有据可依；采用其他教学材料，可以弥补课本的不足；对教材进行必要的调整，能够有效满足学生的需要，也为多样性教学活动的开展和教学技术的运用提供了空间。对此，教师除了要依据教学大纲、教学目标、学生需求使用核心教材，还要自主地、灵活地、有选择性地利用、整合其他各类教材内容和多媒体技术、网络资源、影视节目等课程资源，并且根据学生的实际情况和教学需要对这些资源进行改编、加工等，以激发学生的学习兴趣，为学生提供练习的机会，满足学生的学习需求。需要注意的是，教师在对教材进行改编时，应首先对教材和教学环境有深入的了解，同时要充分考虑学生的实际情况，包括学生的学习动机、学习兴趣和学习风格等。

总体而言，教师在使用教材过程中，应不拘泥于课本，而是要从实际情况出发，合理筛选、整合、利用教学资源，灵活、创造性地使用教材。

第二节 英语教师专业能力的培养

一、英语教师的角色定位与素质要求

（一）英语教师的角色定位

说到角色，一般人会觉得其与身份、地位有关，认为角色是对人们身份、地位的诠释。在当今社会，教师扮演着十分重要的角色，他们以各种方式调动与引导学生参与活动，并引导学生在自己设定的环境中展开探索。在这个多元化的社会，教育具有多样性，他们需要适应不同层次、不同族群人的需求。教师需要以文化传承执行者的角色展现在人们的面前，他们通过间接的形式逐渐实现文化传递。只有具有多元文化教育观的教师，才能与多元文化社会

教育相适应。也就是说，教师不再是知识的传授者与复制者这些简单的角色，而是被赋予了新的多样角色。下面就具体分析英语教师角色的转变。

1. 知识与技能引导者

（1）语言知识的诠释者

英语教师是英语语言知识的诠释者，他们在开展课程教学之前，首先必须具备渊博的知识。简单来说，英语教师需要对英语专业知识有系统的、全面的把握，并能够从这些知识中分析出语言现象。一般来说，英语教师需要掌握的专业知识包括理论知识、语境知识、实践知识等，这些知识中囊括了语音、词汇、语法、语篇、文化等知识，英语教师只有掌握了这些知识，才能解决学生学习中遇到的实际问题，帮助学生提升自我，实现更好的语言输出。

（2）语言技能的传授者

当然，除了英语知识，英语教师还需要掌握语言技能，并且将这些技能传授给学生。在学生学习语言的过程中，掌握语言知识是基本条件，而最终目的是提升自身的语言技能。一般来说，语言技能包含听、说、读、写、译五项。就语言的发展规律而言，听说居于重要地位，读写译位列其次，但就外语教育的角度而言，读写译居于重要地位，听说位列其次。这就说明高校英语课程教学的目标是让学生具备一定的读写译能力，而听说能力是实现读写译能力的前提与基础。高校英语教师要想能够提高教学质量，熟练地驾驭英语这门课程，就必须掌握这五项技能，并且保证五项技能的有机结合，从而提升学生的语言综合技能。

（3）课堂活动的组织者

无论是英语课程教学还是其他教学，课堂活动都是必不可少的一部分。在高校英语课程教学中，课堂教学是其重要的载体与媒介。英语教师要想提升自身的教学质量，必须要设计出合理的课堂活动，如辩论、对话、对话表演等，这些都是能够让学生参与其中的活动，让学生有真实的语言训练机会，从而提升自身的语言表达能力。在这之中，学生也会不断加深对英语语言知识与技能的印象，巩固自身的知识体系。

（4）教学方法的探求者

英语教师在英语教学中不能仅使用一种教学方法，而是应该扮演教学方法开发者与设计者的角色，创新教学方法，使教学课堂更多样有趣。与其他学科相比，英语教学具有极强的实践性，因此其与教学方法的关系更为密切，甚至教师对语言知识的分析、学生语言技能的掌握、教师课堂活动的组织等都需要考虑相应的教学方法。

随着很多学者对英语教学进行深入的研究，探索出了很多教学方法，如语法—翻译法、交际法、任务法、情境法等，这些教学方法各有利弊，高校英语教师需要考虑教学的实际情况以及学生的实际水平，选择适合自己的教学方法来组织教学，有时候甚至需要多种方法并用，从而传达出最佳的教学效果。

2. 多元文化驾驭者

（1）多元文化环境的创设者

学校的文化环境会对学生的学习产生影响。作为一种社会化机构，学校的目标、功能、管理等都属于主流文化，如果教师不知道如何对学校的教学环境进行塑造，就很难在家庭—社区—学校之间构建一个平衡点，很难让学生予以适应。因此，教师要努力创建多元文化教育环境。具体来说，可以从如下几点着手。

首先，师生之间要构建信任关系。师生间的人际关系对学生的成绩产生重要影响，文化差异的存在、教师的偏见容易造成师生之间的隔阂与误解。如果师生之间存在这种隔阂与误解，就会对学生的自我观念产生负面影响，让学生受到挫折，甚至孤立无援。

其次，教师要努力构建一种积极的家庭式氛围。教师要为学生提供一个尊重与关怀的环境，让学生领略到家庭语言与文化。教师要对学生的文化背景有充分的了解，不断搜寻相关的信息，并将这些相关信息自然融入教学之中。

总之，教师只有充当一名多元文化者，才能对学生所处的文化环境有清楚的了解，对学生的文化价值观有清楚地把握。同时，教师只有从多种角度对文化加以理解，才能为每一位学生创造合适的教学策略与内容。

（2）中西文化差异的解释者

在多元文化背景下，英语教师充当了中西文化差异的解释者的角色。由于中西方文化传统不同，二者在价值观、思维模式上存在明显差异，而这些差异逐渐成为学生跨文化交际的障碍。

就社会文化角度而言，语言属于一种应用系统，具有独特的规范，是文化要素中的一项重要组成部分。因此，在英语教学中，英语教师除了要教授英语知识与技能，还需要囊括文化背景知识，实现英语知识、英语技能、文化背景知识三者的融合与补充。

就语言文化知识的内容而言，除了要教授本土文化知识，还需要讲授西方文化背景知识。中西方语言文化的差异性主要体现在风俗习惯、思维模式、价值观念等层面，而这些差异性在语言上有明显的呈现，无论是词汇中还是篇章中都是如此，因此高校英语教师应该充当中西方语言文化的解释者这一角色，将中西方语言的差异性解释给学生，让学生在了解这些差异的基础上，掌握好英语这门语言。

3. 网络技术应用者

（1）语言单元任务的设计者

要想实现单元主题目标，就必然需要对单元任务进行设计，这是英语教师的一项重要任务。学生通过完成教师设计的这些真实的任务，不仅可以拓宽自己的语言知识面，还能够提升自身解决具体问题的能力。因此，在英语学习中，语言单元训练任务的设计是非常重要的。这要求教师应该在网上设计相应的单元任务，让学生在规定的时间内完成，最后提交完成任务的结果。

通过这种方式，学生可以降低自身的压力，并愿意参与其中。

另外，通过网络，学生可以根据自身的实际情况选择教师设计的任务，遇到问题时也可以与教师或其他同学进行网上交流，最后呈现自己的作品或观点。显然，这种方式不仅锻炼了学生的英语语言水平，还有助于提升学生的兴趣和积极性，加强了他们相互之间的交往与合作。

（2）有效主题教学模式的设计者

在新形势下，英语教学要求教师不断探求新的教学模式与方法。具体来说，英语教师不仅需要发挥网络优势，还需要提升学生学习的效率。对此，英语教师在设计主题教学模式时，应该选择学生感兴趣的话题，并且整个教学模式都围绕这一主题来开展，以小组合作讨论的形式完成任务，最后提交讨论结果。

当然，由于处于网络环境下，英语教师设计的每一个主题应该能让学生在网络上找到丰富的资料，包含这一主题的文化背景与发展动态，然后由学生进行总结与归纳，进而学生在网上进行讨论，这样的设计模式实际上帮助学生摆脱了课本的限制。

另外，在设计有效主题教学模式时，英语教师要尽量链接一些有效网址，以帮助学生接触更多的国内外文化知识。英语教师还可以下载一些前沿性的资料，以吸引学生，提升他们的求知欲。当然，对于一些敏感性的话题，英语教师要进行正确指导，避免学生出现文化偏见。

（3）学生网络学习的帮助者

在英语教学中，网络能够起到监控的作用。通过网络监控，英语教师可以对学生的学习过程有所了解与把握，从而帮助学生实现自己的学习需要。高校英语教师是学生进行网络学习的帮助者，尤其对于学困生而言，英语教师更是发挥了不可磨灭的作用，他们通过记录学生浏览网页的情况，了解学生是否参与其中，从而清楚学生在学习中遇到的困难，之后帮助学生解决实际的问题。

另外，由于不同的学生遇到的困难有所不同，因此英语教师应该给予分别指导，促进不同层次学生各自的进步。显然，英语教师对学生网络学习的帮助更具有人情味，不仅有助于提升优等生的水平，还有助于避免后进生的畏惧心理，从而帮助不同层次的学生解决不同的问题，真正帮助他们实现有效的自主学习。

（4）在线学习系统的建立者

网络为学生的英语学习提供了便利，而教师在这之中充当了调控学生学习、提供个别指导的作用，但在这之前，首先就需要建构一个完善的在线学习系统。在这一系统中，有教师与学生两个端口。学生通过填写自己的信息，向教师端提出申请，教师负责审核，使学生加入这一系统中来。

根据在线学习系统的导航提示，学生可以获取自身所需的资料，也可以下载下来。例如，某一在线学习系统可能包含"单元测试"与"家庭作业"两个项目，在"单元测试"中学生可以进行训练与测试，在"家庭作业"中学生可以提交自己的作业。之后，学生可以通过论坛、QQ等与教师进行讨论，实现网上交互。

（二）英语教师的素质要求

1. 解读多元文化的能力

在文化自信视野下，教师需要具备对多元文化进行正确解读的能力，具体而言表现为如下三点。

首先，多元文化是一种历史事实。不同的文化具有差异性与多样性，这是人类文化从诞生开始所体现出来的一种客观存在。

其次，多元文化是一种政治诉求。多元文化不仅是一种事实存在，还是一种价值存在，是人们在文化上所秉持观念的展现。多元文化源自不同族群争取平等的经济、文化权益斗争的结果，是一种对经济、文化等平等的追求。多元文化不仅仅局限于文化层面，还包含了不同民族、不同族群的经济、社会等多种概念。

最后，多元文化是一种思维方式。从哲学角度而言，多元文化体现的是一种思维方式，对多元文化的理解就是对多元文化差异性、多样性的承认，并要认识到所有文化都应该是平等的，彼此之间会产生直接或者间接的影响。与之相对的认识就是对客观世界的认识，人们对其认识不应该从单一的角度出发，而应该从多个视角来认识和理解。多元文化这一思维方式打破了传统的一元的思维方式。

多元文化是一种历史事实、政治诉求，也是一种思维方式。教师应该对多元文化进行正确的解读，从多样的视角对不同文化予以尊重、学习与理解，教师在对多元文化的解读中，应该持有平等、公正、多元的理念。

2. 师德素质

师德是英语教师必备的素养，也是英语教师从事教育活动的动力源泉。教师的师德具体体现在对学生的热爱、对事业的忠诚、对教学执着的追求和人格的高尚上。与此同时，教师的师德直接影响着学生的成长。因此，英语教师在日常的工作中要有理想的信念，科学的世界观、人生观、价值观，忠于人民的教育事业，具有爱岗敬业的奉献精神，热爱学生。可以说，英语教师只有先懂得奉献、体现公正、具有责任感，才可能实现言传身教。

（1）教师职业道德的形成

同其他事物的发展一样，教师职业道德品质的形成有其内在的规律性。从品德心理学角度看，教师职业道德的形成也是一个知、情、意、行的培养过程。为此，教师职业道德品质的培养需要从道德观念、道德情感、道德意志、道德信念、道德行为和道德习惯几方面入手，进行全面培养和提升。

其一，增强教师的职业道德观念。教师在职业道德形成的过程中要理解和掌握教师道德的基本原则，提高道德认识。为此，学校领导、各级教育行政部门应该加强对教师进行教师职业道德基本常识和基本理论的教育，使教师懂得自己哪些行为符合教师职业道德，哪些行为违背教师职业道德，这样就能在思想认识上构筑起一条道德防线，为教师教育教学行为的符合道德性奠定思想基础。

其二，坚定教师的职业道德信念。教师有了坚定的职业道德信念，就会使其道德行为表现出坚定性。教师的职业信念一旦确立，其道德行为和道德观念的一致性就不可动摇。

其三，陶冶教师的职业道德情感。教师的职业道德情感是关于教师在教育教学过程中的言行举止，是否符合职业道德规范而产生的情绪体验。作为教师，应该有高尚的职业道德，这就需要教师不断陶冶自己的道德情感，使自己对善与美的认识具有价值认同感。

其四，磨砺教师的职业道德意志。教师职业道德意志是教师在道德修养实践中克服困难的一种力量。教师要培养治学严谨的品格，就必须有一种顽强的意志。教师有时为了证明一道数学题，往往会牺牲自己很多休息的时间，如果没有顽强的意志是做不到的，正是在这样的实践中，教师的道德意志得到了磨砺，同时培养了教师良好的职业道德品质。

其五，培养良好的道德行为和道德习惯。教师的道德行为是教师的道德观念、道德情感、道德意志和道德信念支配下所采取的行动。教师在教育教学活动中的道德行为，是评价教师道德品质好坏的重要标志。教师在职业道德修养中有良好的道德行为，久而久之，就形成了教师良好的道德习惯。从道德观念到道德行为，再形成道德习惯，是教师职业道德形成的全过程。

综上所述，教师职业道德形成过程中有教师职业道德观念、教师职业道德情感、教师职业道德意志、教师职业道德信念、教师职业道德行为习惯诸要素。它们是相互联系、相互促进、相互作用的。只有这样，教师才能在实践工作中达成崇高的教师职业道德，表现出高尚的职业道德品质。

（2）教师职业道德发展的阶段

从教师的专业成长历程来看，教师职业道德的发展阶段可以分为职前教育阶段、职业实践阶段和终身追求阶段。

其一，职前教育。教师职业道德是社会道德的重要组成部分，是道德在教师职业领域中的特殊表现。职前教育的目标主要在于使教师成为一个具有良好道德修养的人,这是保证教师职业道德的底线达标,即先为人,后为师。

其二,职业实践。职业实践是教师职业道德养成的根本保证,在教育教学过程中,教师会遇到各种各样的问题,在解决这些问题时,教师总是被要求具有自己的独特方式,即要有所创新。因此,教师需要不断提升自己的专业素养,在实践中不断践行职业道德规范,提升职业道德水准。

其三,终身追求。社会在发展,知识在更新,教师要想跟上时代发展的脚步,必须要不断学习,终身学习。当然,教师所追求的职业理想是没有止境的,教师必须不断学习,自觉地从各方面抓住一切机会来提高自己。另外,教师需要在面对学生和教学工作时产生一定的成就感,这样才会拥有不断进行学习的动力,否则,教师容易出现心理倦怠,从而缺乏追求理想的动力。

3. 以学生为中心的教学意识

在现在的英语教学模式中,所有的学生形成一个多元文化语境,他们来自不同的地区,具有不同的成长背景,这就使得他们有着不同的接受能力、不同的思维方式等。如果教师对所有学生都一视同仁,那么必然会削弱学生学习的积极性与主动性,也势必会导致教学效果不佳。对此,教师应该"以学生为中心",教师自身的角色也应该发生改变,从原本对课堂的控制者转变为对学生英语学习的辅助者,同时对待每一位学生都应该持有平等、公平的姿态。教师要认识到不同学生的文化差异与多样性,对不同的学生采用不同的方法,使学生成为教学的主体,展现自身的个性,从而更好地在多元的环境中习得英语这门语言。

4. 信息素质

信息能力是指人获取信息、加工处理信息和利用信息的能力,具体包括文献信息检索能力、信息分析能力、信息加工处理能力等。其具体体现在人们对信息存储机构,如图书馆、互联网等的应用能力和运用计算机、网络、通信技术的能力。当今世界已经进入知识经济时代,信息与智能革命正席卷全球，在这种经济背景下，产品的智能成分大大增加，劳动者智能劳动成分也大大增加，信息技术的发展将成为新技术的核心。英语教师作为智能劳动的主力军，无疑在整个社会变化过程中起到了重要的作用。作为21世纪的英语教师，便捷、高效地获取信息是从事教学、科研与社会服务活动的基础，有效地搜索、分析、利用信息既是自身发展的需要，也是培养英语教师所必须掌握的技术和必备的能力。

（1）信息获取能力，英语教师应能根据学科的教学要求，主动地、有目的地去发现信息，并能通过互联网等现代信息平台，快速有效地收集到所需要的信息。

（2）信息处理能力，英语教师能够将浩如烟海的信息进行分析筛选，判断其可信度，再对信息进行取舍。

（3）信息利用能力，能利用所掌握的信息，使用信息技术或其他手段，分析、解决自身生活和学习中的一些实际问题。

（4）信息传输能力，指通过某种载体和方式，把教育信息从信息传输者到信息接收者的过程，具体包括利用传统的语言、文字、图像传输信息的技能及利用计算机网络和通信设备把信息、知识传递给教师进行教育的能力。

（5）信息创新能力，在信息加工时，通过分析、归纳、抽象、联想等思维活动，挖掘出具有相关性、规律性的信息，或者能从表面现象分析出事物的根源，得出创新的信息。

（6）信息评价能力，即根据现代化教育的目的、要求和标准对信息的传输者和接受者进行评价的能力。

二、英语教师专业发展研究

（一）教师专业发展的定义

自20世纪80年代以来，教师专业发展的问题得到了学术界和教育实践界的高度重视。教师专业发展成为教师教育的一个核心问题，因为教师教育的质量和水平的高低直接影响着教育事业能否实现健康、持续的发展。

教师专业发展的内容,包括专业精神的发展、专业知识的发展、专业能力的发展、专业自我的发展。另外,教师的现代素质显得尤为重要。比如,教师是否拥有健康的体魄和良好的心理素质、是否拥有创新的精神和能力、是否拥有教育研究的意识与能力、是否能够熟练运用现代教育技术、是否具备浓厚的法律法规意识等,这些都是现代教师必备的职业素质。可以说,在每一个实现专业化发展的教师的身上,都能看到这些素质自然而和谐的共存。

(二)教师专业发展的意义

在教师专业发展过程中,教育界人士进行了坚持不懈的探索,向世人展示了教师专业发展的内在魅力,也体现了教师专业发展对教师个人、教师职业和社会的深刻意义。

1.教师专业发展有利于人们重新审视教师的职业性质

长期以来,在公众和社会舆论方面,对教师职业强调的主要是知识传授方面的要求。教师专业化的推进将有利于改变人们对教师职业性质的认识。它能让人们意识到,教育过程不是简单的传授过程或塑造过程,而是由师生共同构成的一个互动过程。

2.教师专业发展有助于优化教师素质

在学校教育过程中,教师的作用主要在于向学生传授知识,开发学生的智力;培养品德,启迪学生的心灵;指导学生锻炼身体,增强学生的体质。教师承载着千万青少年儿童的未来和希望,肩负着开启民智、传承文明的使命。社会上的每种职业都有各自的素质规定,具有较强专业性的教师职业对于专业素质的要求很高。教师仅具备一个现代人的基本素质是远远不够的,还必须具备教师职业所需要的特殊的专业素质。教师承担的使命要求教师必须具备合格的思想政治素质、科学文化素质、教育理论素质、教育能力素质、身体和心理素质等。此外,社会的进步、科技的发展以及知识经济时代的到来,对教师素质也提出了越来越高的要求。教师专业素质的提高不再是依靠职前系统定向培养一次性完成，而是需要延伸和覆盖教师的整个职业生涯。教师专业发展给教师个体和群体都提供了优化素质的途径。

3. 教师专业发展有助于促进教师职业成熟

教师专业发展对教师职业的促进作用体现在以下几个方面：第一，教师培养课程使教师的素养更能适应社会教育对培养人才的需要；第二，教师职前培养更加系统化和专门化，以适应社会对不同层次教师的需要；第三，教师培训专业化。大量的教育机构根据一定的条件将进入教师培训这一领域，形成一个规模巨大的市场，这就需要对教师培养和培训机构进行认可和评估；第四，教师群体和教师职业的道德规范的形成和稳定发展，专业化的另一个含义就是群体价值观的形成，教师的道德规范、价值观是随教师职业的专业化形成的；第五，教师任用制度化，通过专门的机构根据一定的规范和程序进行，使教师职业的准入适应社会的需要。教师的专业发展与教师教育的高质量需求是联系在一起的，并因此促进教师职业趋向成熟。

4. 教师专业发展有助于推动社会进步

教师专业化与社会进步息息相关。根据社会学理论，个体和群体的社会化是社会进步的一个重要标志。无论是个体的人还是群体的人，在被社会化的同时，在参与创造社会，从而形成了这一群体的独特的文化、个性发展和社会结构。不难理解，教师在被社会影响的同时，在影响着社会，与社会形成共生共存的关系，这一群体自身也具备了高级社会的特征，并且还会随着社会的进一步发展而发展。教师专业发展通过促进教师职业的专业化来推动教师个体和群体的社会化，最终推动社会进步。当教师职业不再与平庸、烦琐相关联，而是与高尚、创造、尊严为伍时；当教师的劳动不再是重复、枯燥，而是充满着发现的喜悦和探究的乐趣时，我们教育事业的兴旺发达也就是近在眼前的事了。

（三）教师专业发展的有效途径

1. 学校专业管理

学校是教师专业发展的核心场域，教师专业面貌是学校的基本校情，重视教师专业发展是学校爱师的表现。绝大多数教师专业发展实践都在学校遭遇、发生，教师专业发展各个时期都需要学校提供支持与引导，校本化也是教师专业发展新趋势。

学校专业管理是教师能否顺利发展的外部因素。调控和优化这一因素在教师专业认知生成、专业自主性提升等方面不可或缺。倘若一所学校教师精神涣散、工作懒散、教学懈怠、离职现象严重，提升学校教学质量及社会声誉的期许自然难以实现。对于教师而言，教师必须要回应学校的诸多专业要求。在学校，教师专业实践因此遭遇来自校方的复杂影响，这要求教师洞悉学校专业管理意图及旨趣，并在自身需要与学校管理产生冲突时学会自我调适。可以从实现学校管理理念转换、反思学校专业管理规范、学校专业管理实践准则几个方面着手进行。

2. 教师培训机制

教师培训早已成为教师专业发展的重要途径。校本培训形态需要不断充实，应减少理论型讲授、讲座、报告，增加对教师专业变革有实质性改善的培训内容，以问题为中心进行研究式培训。校本培训在培训时空、培训内容、培训方式及结业评价等方面应采取开放、多元价值理念。培训的最终评价应以教师在学校现实情境中成功"做"出来为最终准绳，因此校本培训尤其提倡做中学、干中学、例中学、探中学。在全员培训理念下，评价的目的并非要所有教师都成为学者型教师，而在于借助培训让每位教师都有所获，体验到专业价值并努力践行这些价值。

3. 教师自我完善

一切教育归根结底都是自我教育。一般认为，自我完善是教师有意识地依据专业标准及自身专业定位，积极主动地利用外在环境条件，通过自我认知、自我评价、自我管理不断弥补自身不足、提升自身能力的内部引导机制。专业竞争日益加剧、专业要求普遍提高、专业发展不确定性增大也使教师自我完善成为必然。

首先，教师需要丰富自我内涵。自觉对已有知识体系加以取舍、补充、优化和重组，适时调整知识结构，拓宽知识视野，促进自身知识更有效地迁移，避免过时守旧的知识观影响专业效能；在接触学生、辅助技巧、课堂评价、自学讨论、引导学生自我检查、发现学生的疑难问题、分析教材、以学定教等方面不断磨炼自己，了解学生的时代特质及发展规律，对学科内容和学生状况心中有数，基于学生的知识、经验背景设计教学、组织教学活动；学会厘清教学内容间的关联性、层次性及难易等级，拓展可供选择的教学策略范围，做到教学环节衔接合理自如，教学行动自然流畅，策略选择审慎而合理。

其次，学会自我管理。一般认为，教师自我管理的具体策略包括：行动，不仅包括外在行为本身，还包括行为背后的观念支撑或知识体系；行动反思；剖析核心问题；搜寻替代方案；进行新尝试。应避免惯性思维，摒弃自以为是的成见，注重对专业实践进行观念和技术层面的重建。

最后，实现自我价值。一方面，教师应在市场思潮中秉持正确的专业价值观；另一方面，教师应坚持自我完善与自我价值内在统一。

三、英语教师专业能力的培养途径

教师应该展望世界，培育自身的专业意识，丰富自身的专业能力，大胆反思，从而成为适应当前社会需要的高素质教师。具体来说，主要从以下几个方面着手。

（一）提高专业意识

所谓教师的专业发展意识，指的是教师按照教师专业化的要求，对自己专业发展过程、目前专业发展状态、未来专业发展规划的系统化、理论化的认识。教师的专业意识是基于教师的自我意识、职业认同、动机的基础上产生与呈现的,其对于教师素质与能力的拓展起着重要的规划与导向作用。

要想提高大学英语教师的专业意识,首先就要掌握一定的方式、方法和策略,这是信息化教学能力培养的中观层面。在这一层面中,大学英语教师的职前培养、教学实践、在职培训、协作交流、自主学习等是最为主要的几个方面。

1. 进行职前和在职培养

大学英语教师信息化教学能力的发展是一个系统的过程,进行职前与在职培训是大学英语教师信息化教学能力发展的重要促进环节,两者是紧密结合的,通过职前培训,可以使大学英语教师系统掌握信息化教学技术的知识和能力,为下一步大学英语教师在大学英语教学过程中运用大数据打下了坚实的基础。通过在职培训,可以让大学英语教师及时学习最新的信息化教学技术,并可以与更多的大学英语教师进行沟通交流,从而提高自己的信息化教学能力。

2. 传统方式与网络方式相结合

在当今大学英语教学中,利用信息化技术进行大学英语教学时,不要忽略传统的大学英语教学方式,要将传统的教学方式与网络方式结合起来进行,教师在教学过程中要与学生进行不断的面对面的交流,不断提高自己的信息化教学能力。随着大数据的不断发展,人们获取信息资源的渠道逐渐多元化,无论是知识的获取,还是教学经验的分享等都可以通过网络来获取。因此,将传统方式和网络方式结合起来能极大地提高大学英语教师的教学能力,从而促进大学英语教学质量的提升。

3. 自主学习与合作交流相结合

在大数据教学背景下,大学英语教师要想具备一定的信息化教学能力,就需要通过不断的学习和提高,以适应不断发展和变化着的学校教育。在平时的工作中,大学英语教师可以通过自主学习掌握基本的信息化技术手段,与其他的大学英语教师进行沟通与合作,多参加一些与信息化教学有关的研讨课等，逐步提升自己的信息化教学能力。在面对面协作交流的过程中，要注重提高虚拟的、跨时空的协作交流能力。这对于大学英语教师掌握信息化技术，提高大学英语教学水平具有非常大的帮助。

4.技术知识与实践应用相结合

信息化技术知识与能力主要是大学英语教师通过职前培训得到的，但需要注意的是，光掌握信息化技术知识还远远不够，还要具备一定的技术知识与实践应用相结合的能力。通过大数据的培训，大学英语教师可以在学习中体验和模仿，强化对大数据知识的实践应用。只有将技术知识与实践应用充分结合起来，才能实现既定的学习目标。

信息化教学的技术手段有很多，作为一名大学英语教师，一定要学习和掌握基本的教学技术软件，尤其是对于一些年龄较大，不易接受新鲜事物的大学英语教师而言。在平时的信息化教学中，PPT演示文稿、多媒体教学软件等都是最为常用的技术，大学英语教师还要利用计算机搜集和掌握一些教学素材，不断提高自己的多媒体技术能力，从而不断提高自己的信息化教学能力。

随着现代信息化技术的不断发展，网络上出现了各种培训课程，其中有关网络技术的培训课程也是相当多的，这一部分课程既有免费的也有付费的，通常都有着较强的专业性，作为一名大学英语教师，尤其是信息化技术教学水平较差的教师，可以多参加一些网络技术课程的学习，从而提升自己的信息化教学能力。

（二）提升专业能力

教师要想在跨文化教育背景下提升自身的跨文化意识，首先就需要提升自身的专业能力。具体来说，可以从如下几点着手。

1.实行专业引领

当前，我国的英语教学在不断革新，先进的理念需要有骨干、研究者的带领，才能促进自身的专业发展。一般来说，教学专家、资深教师等都可以起到专业引领的作用。普通大学英语教师要向他们学习,接触先进的思想与经验,从而推动自身的专业化发展。一般来说,专业引领具有如下要求。

(1)要发挥专家与普通大学英语教师之间的能动性与积极性。不同的引领人员,所侧重的层面也必然不同。科研专家对教学理论非常注重,因此在其引领上更注重理论与实践的结合。骨干教师注重教学实践,因此在其引领上更注重具体操作。但是无论是哪一种引领,他们都需要较强的引领能力,既能够在理论上进行指导,还能够在具体操作中提供建议。对于普通的大学英语教师而言,他们应该配合专家与骨干教师,对他们给予的建议要认真听取,并择优采纳,从而分析与总结自身的教学问题,对自己的教学活动进行反思,提升自身的专业素质。

(2)英语教师要保证内容、目标等的正确,采用的方法要恰当。英语教师专业发展的总目标在于让他们能够对新知识、新信息予以把握,并且能够在这些新知识、新信息的基础上提升自身的专业素质。不同的英语教师存在着个体的差异,因此在专业发展、水平上也必然不同,所以在进行专业引领时,需要考虑不同教师的具体情况,对不同的教师制订与他们相符的方法,从而实现专业引领的合理性与有效性。

从上述分析可知,专业引领对于英语教师专业素质提升非常重要,具体而言,可以从如下几个层面着眼。

首先,阐述教学理念。就很大程度而言,英语教师的教学行为往往会受到教学理念的影响,因此在专业引领中,专家、骨干教师等应该尽可能地引导普通的大学英语教师熟悉与掌握教学理念,可以采用讲座或者报告等形式。

其次,共同拟订教学方案。当普通的英语教师对先进的理念进行掌握之后,专家、骨干教师应该与普通的英语教师共同探讨先进的教学方案。在这一过程中,专家、骨干教师不仅是引领者,还需要对普通的英语教师的教学设计提出建议、给予指导,从而让普通的英语教师的教学设计更为完善。在专家、骨干教师等的引领下,普通的英语教师能够顺利地制订出与教学理念相符的教学方案,并将这一方案付诸实践。

最后,指导教学实践尝试。当制订完教学方案之后,就需要将其付诸实践,从而对教学方案进行验证。在验证时,专家、骨干教师应该参与其中,对教师的教学行为进行记录,从而与具体的方案进行对比,找出差距。在教师结束课堂之后,专家、骨干教师与普通的大学英语教师进行分析与探讨,对教学方案进行修订,从而使方案更完善、更切合实际。

2. 提高教师实施能力

英语教师的教学实施能力是教师专业素养的核心部分,是在教师专业知识的基础上促进教师专业理念、专业智慧生成的根基。开展英语教师教学实施能力训练,必须在扎实掌握英语教师专业知识的基础上,切实将所学的学科知识、教育理论转化为从师任教的行为方式。

(1) 英语教师教学实施能力的基本认知

英语教师的教学实施能力,指英语教师为保证教学成功,达到预期目的,对整个教学活动进行计划、控制、检查、评价、反馈和调节的能力。这种能力包括以下三部分内容。

第一,英语教师对自己的教学活动的事先计划和安排。

第二,对教学活动进行有意识地监察、评价和反馈。

第三,对教学活动进行调节、校正和有意识地自我控制。

教学活动包括的内容和涉及的因素多种多样,因此,英语教师的教学实施能力也具有多方面的内容和多样化的表现。英语教师的教学若想走在新课程改革的前沿,则需要通过课堂实践来实现,探索既符合新课程精神,又符合英语教师自身实际的教学方式,不断提高各方面的能力。

通过提升英语教师教学实施能力的专题实践研究,我们期望在学校的课堂教学中切实实现以下方面的转变:将以知识传授为中心转向以学生发展为本;由过去"依教案教学"转向"以学定教";由过去只关注教学结果转向兼顾结果与过程,特别是关注学习过程中学生获得的自信、养成的科学态度和习惯以及培养出来的人文精神等,这比单纯追求拥有知识的多少更有价值。

这样才能最终使广大英语教师基于新课程标准理念下的教学设计,在现实的课堂情境中尽可能高质量地达成课堂教学的目标。作为一项研究的专题,确立的研究目标如下。

其一,厘清影响英语教师教学实施能力提升的因素。英语教师教学实施能力的提升受到多方面因素的影响,通过实践研究与反思发现,影响英语教师教学实施能力的因素主要包括以下几个方面。

一是英语教师的教学基本功。英语教师的基本功,除了传统的板书、班级管理外,还包括对专业知识的理解,对课程标准和教材的整体把握,对英语教师心理的了解,沟通与合作的能力,搜集、整理、运用信息的能力,主动学习并积极反思的能力等。

二是英语教师的主观因素。通过调查问卷发现,英语教师的主观因素对教学的实施能力及效果也会产生明显的影响。

三是英语教学的经验主义。近40%的英语教师选择"我心中有数,常常提前一天考虑第二天的工作"。关于课堂提问,超过1/3的英语教师选择"心里知道是哪几个问题,但谈不上精心"等。这表明在现实中,英语教师的思想相对滞后。不少英语教师习惯于运用传统教学模式,存在思想守旧、满足于现有的办法与成绩,改革创新意识不强,有畏难情绪,缺乏实施新课程的主动性等。

英语教师工作负担过重,也是参与课改的积极性不高的重要原因。

其二,自觉反思的习惯。绝大多数的英语教师缺乏系统、深入的反思。超过一半的英语教师只在脑子里回顾一下或是在教案后稍作记录,多数英语教师会"和同事就某一方面展开讨论"。问卷还反映出多数英语教师"不知如何表述"反思或是苦于没人能指导,这也从侧面反映出培训不到位。虽然进行了大规模的培训,但无论是全员培训还是学科培训,基本属于通识培训。不少专家阐释的有关课改的理论材料,形式上的东西还较为明显。

其三，追求卓越的意识。问卷显示，绝大多数英语教师认为"态度决定高度，专业发展的高低跟自身的努力追求成正比"；3/4 的英语教师反映平时很注意"想出各种方法使自己的课生动有趣"，并意识到对教育科研应积极了解、参与，对自己的专业发展会有帮助；42% 的英语教师将"提高自身素质"作为未来发展的第一需要，这显示了英语教师非常关注学科教学的"软实力"——关注自身的学科教学素养、学科的内在价值和学科教学的实施过程，这种内驱力与英语教师的专业发展紧密相伴且更易长久保持。

其四，情绪波动的情况。超过四成的英语教师承认"前一节课上得不愉快，会影响自己下一班级的教学"；并且，情绪产生的时间与进行教学的时间间隔越短，对教学的影响越大。这就向我们提出了一个问题——课间的时间十分短暂，英语教师应如何调节自身的情绪，以达到最佳教学状态？也许我们可以通过系统的心理知识讲座、特聘心理专家专设网络信箱等为英语教师提供心理疏导，以提升英语教师自我心理调节能力。

其五，自身的沟通需求。调查显示，近四成的英语教师自认"与受教育者的沟通能力一般"，两成多英语教师认为自己最擅长与受教育者进行"全班整体交流"，而这样的交流相对而言是缺乏个体针对性的，效果较差。当前教育强调"以人为本"，但更多的时候，人们停留在关注"共性"的"人"，而忽略了"个性"的"人"。

其六，职业的归属认同。调查显示，绝大多数英语教师认同教学这门职业，喜欢任教的学科，自己工作的热情自然就高。近七成的英语教师明确表示以学科为单位常态的教学研讨对于促进职业的认同感和提升自己的教学实施能力帮助很大。这说明教研组的建设是较成功的，得到了大多数英语教师的认可，成功地为英语教师营造了集体归属感；英语教师队伍的师德建设、职业成就感的培养也是成功的。

（2）提升英语教师教学实施能力的机制与保障

其一，制订教学能力自我提升计划。在英语教师教学能力提升培训的基础上，每个英语教师还应参照评课标准进行自我教学能力的测评，根据结果制订相应的教学能力自我提升计划。通过英语教师教学能力自我提升计划的实施，计划由学期到学年，可侧重每学期重点改进的一个方向，目标分阶段，力求合理化。这让每位英语教师自我的改进方向变得更明确、更具体、易操作、易测评，促使英语教师课堂教学水平得到明显改进和提高。

其二，以英语教师专业发展电子平台为载体，提升教学质量。英语教师专业发展电子平台建立后，要求全体英语教师定期上传自己的教案、案例、教学随笔和论文。电子平台如同档案室，也像阅览室，可以真正地交流，不限地点与时间，实现真正地便捷。在英语教师的成长历程中，电子平台上的教学设计、案例、课例、课件绝大多数是常态课，不像公开课那样遥不可及，具有极强的实效性、真实性。

以前被推广展示的都是公开课的教学设计与课件，但一堂公开课的工作量之大，是日常教学不可能保持的；台前幕后参与的方方面面之多，也是日常教学所做不到的。在平台上我们可以看到同伴的日常教学，以及互动教研后改进的教学设计与反思，感受整个过程，这份真实、这一过程，对英语教师成长的帮助将更实在，更有效。可以说，电子平台建立之前，教研活动主要是针对公开课；建了电子平台，教研活动转向主要立足于常态课。这样的校本教研、校本培训才真正体现出"校本"的优势、特色及意义。

电子平台的又一优越性是持续的开放性。它让校本教研可以随时随地地进行。也许初看时没有感觉，但当自己在工作中遇到困惑时，哪怕是无意中的浏览，也会引发共鸣，产生交流互动，这也是在平台上开展校本教研的价值所在。尤其是在本校内，因为学生、班级都很熟悉，某种意义上说可谓零距离接触，更易产生共鸣，更具现实意义，更易产生校本研修的课题。

这样一个多元、开放的载体，让教研活动形式更多样，范围更宽大，并可改变传统上教研活动多局限于本学科组内的弊端。平台上的各类信息向所有的英语教师开放，不同学科之间在教学方法上，对学生的分析上，对科研课题的筛选上，对教育问题的反思上都是相通的。平台上的对话、交流甚至碰撞，既可弥补按教研组划分办公室而造成的年级组英语教师间交流的缺乏，又可避免按年级组办公而造成的教研组交流的缺失。

其三，进行英语教师创新教育能力培养。英语教师创新教育能力的激励和培养涉及很多方面，大到社会环境、教育体制，小到学校管理、培训教育、物质条件和实践机会都是其中基本的因素，都对英语教师创新教育能力的形成与发展产生直接而重要的影响。学校环境是对英语教师创新能力的形成发展产生影响的多种学校因素，其中较为重要的有学校的校长、学校管理、教学的评估体系等。适宜、合理的学校环境是英语教师创造力顺利发展的必要条件。

参考文献

[1] 孙红艳，李志刚. 以说课促进英语教师专业发展 [J]. 邯郸学院学报，2022，(第 1 期)：99-103.

[2] 吴斌. 大学英语教师专业发展理念及途径分析——评《高校英语教师专业发展研究》[J]. 外语电化教学，2022，(第 1 期)：98.

[3] 王雨琪. 英语教师专业发展及其测量 [J]. 现代交际，2021，(第 19 期)：109-111.

[4] 张旭，陆宁皓. 大学英语教师专业发展路径研究 [J]. 现代交际，2020，(第 15 期)：7-8.

[5] 阮礼斌. 大学英语教师专业发展研究概述 [J]. 江苏工程职业技术学院学报，2020，(第 2 期)：82-87.

[6] 刘英凤，周晓玲. "减负"背景下的高中英语教师专业发展路径探究 [J]. 广西教育 (中等教育)，2022，(第 9 期)：94-96.

[7] 孙金凤. ESP 背景下大学英语教师专业发展问题研究 [J]. 英语广场：学术研究，2022，(第 10 期)：94-96.

[8] 苏丽靖. 大学英语教师专业发展的困境、理念与实践路径 [J]. 现代教育科学，2022，(第 2 期)：116-122.

[9] 李花 1，郑春艳 2. 基于教师学习理论的英语教师专业发展探析 [J]. 延边教育学院学报，2022，(第 6 期)：133-136.

[10] 索佳丽. 应用型本科高校英语教师专业发展实证研究 [J]. 韶关学院学报，2021，(第 8 期)：93-98.

[11] 文卓. 基于核心素养导向的英语教师专业发展研究 [J]. 百科论坛电子杂志, 2021, (第 13 期): 1322.

[12] 董小晶. 商务英语教师专业发展路径研究 [J]. 吉林工程技术师范学院学报, 2019, (第 10 期): 84-86.

[13] 孙瑞芳, 王珍. TPACK 理论下的英语教师专业发展 [J]. 河北北方学院学报 (社会科学版), 2019, (第 2 期): 106-109.

[14] 蒋茜. ESP/EAP 视域下大学英语教师专业发展的创新途径 [J]. 教育观察, 2021, (第 18 期): 34-36.

[15] 黎曼曼. 核心素养下大学英语教师专业发展路径探究 [J]. 现代交际, 2021, (第 4 期): 125-127.

[16] 王芳. 高校英语教师专业发展现状与策略研究 [J]. 汽车博览, 2021, (第 26 期): 125-126.

[17] 殷小慧. 英语教师专业发展的路径与策略 [J]. 天津教育, 2022, (第 10 期): 158-160.

[18] 王茜蛟. 地方高校大学英语教师专业发展路径探析 [J]. 作家天地, 2020, (第 22 期): 47-48.

[19] 吴炳东. 学习共同体——促进英语教师专业发展的有效探索 [J]. 发明与创新 (职业教育), 2020, (第 8 期): 112.

[20] 徐玉苏, 陈明瑶著. "后方法"时代大学英语教师专业发展的叙事探究 [M]. 杭州: 浙江工商大学出版社, 2017.01.

[21] 孙志永. 新时代大学英语教学改革与英语教师专业发展 [M]. 河南大学出版社有限责任公司, 2022.03.

[22] 侯晓玮著. 应用型本科院校商务英语教师专业发展研究 [M]. 天津: 天津科学技术出版社, 2020.07.

[23] 刘英爽, 鲁硕, 程颖著; 庞爽, 李舒, 朱荣萍等参著. "互联网+"背景下英语教师专业发展研究 [M]. 北京: 中国商务出版社, 2019.08.